居風水

形家陽宅長眼法

孫立昇
林定榮
著

## 推薦序 / 陳義霖

　　民國 72 年（1983 年）因某種因素接觸命理風水，進而開始學習命理風水，光學習各門派風水學術共計 20 多位老師前輩，正式拜師計有 6 位明師，經歷考驗與印證結果以潘養和恩師之三元風水學，比較合乎科學與易理解釋，準確性亦高，因民國 77 年服務單位副所長叛離到美國，事件發生後當下建議更改所部風水，將所部前原設計太陽能噴水池，變更為花園及調整所長之辦公室，事後一切順利平穩。隔年（民國 78 年）經張勝超師兄安排下在中壢易學開課，傳授三元陽宅納氣學。一次在同門師兄弟一起研究風水時，板橋李謀桃師兄說有一門派學術，不用羅盤方位與八卦理氣能精準論斷陰陽宅，經考驗數位理氣派師兄弟之陰宅，發現其準確性有如通靈者論斷一樣準，為了追求更上一層境界，在新店劉寶卿師兄安排下，兩人一起拜師外號「泥鰍仙」鄭清風恩師，承蒙老人家不棄收為門下，學習地理長眼法形家陰陽宅。

陳義霖與孫立昇　　　　　陳義霖與林定榮

　　地理長眼法在古籍文獻中未曾有記載，近代堪輿風水界甚少被談論，只能說只聞其聲而不見其影，據劉寶卿師兄口述，恩師在一次機緣下遇見和尚師而傳授此學術，和尚師本人無法號可稱呼，而且對此學術亦未真正命名，直到師兄們請教恩師此學術如何稱呼？家師才正式命名地理長眼法，簡稱「長眼法」，其意是擅長用眼力來觀察論斷地理形勢之一門學術。家師厲害之處從來不用羅盤，僅以一根長約 3.6 台尺之竹棒，登山踏步用來當柺杖，到墓穴則以這根竹棒一指，遙眼一望便能準確無誤地論斷主家發生何事，諸如後代子孫何房富貴貧賤，出不孝或流氓，或官訟是非，或開刀血光，或殺人被殺，或自殺絕房，或中風意外，或桃花外遇等等均可斷定，連過程及細節都能瞭如指掌，彷彿親歷其境一樣。

家師教學方式，不像一般理氣派，固定時間在教室上課，大部分都在室外現場，教如何憑眼力，觀看四周環境之美惡、高低、大小、遠近來推論威應之好壞、時間快慢及影響程度。本人因上班因素，無法經常跟隨家師到處現場學習，只能利用假日或休假跟隨，很多時間在家以聽故事方法上課，由於每次講得有些不同，其意義亦不同，如此來領會新意及建立推理與演化之觀念，然後利用時間和機會驗證同事及親朋好友之住宅。直到民國 81 年（1992 年）臺灣社會發生國內外罕見輻射屋公害事件。事件發生後原能會一方面主動蒐集相關建商之建築資料，查得輻射鋼筋源來自欣榮鋼鐵公司 71~73 年所生產之鋼鐵，而確定輻射筋之流向。另一方面積極採取各項善後措施與解決之道外，針對民國 71~73 年期間所興建之建築物進行全面性普查作業，本人正好參與此計畫，藉普查及訪查之機會，考驗及印證至少超過千戶以上陽宅案例，進而建立一套論述之遊戲規則。

陽宅風水學可分巒頭法（形家）與理氣法兩大類，

目前理氣之派別有二元、三元、三合、九星、八宅、玄空飛星等派，不下百餘派別各有祕訣，代代師徒口授相傳。不過古書有言「空談理氣、不論巒頭」，非真風水也，而且亦有「巒頭不真、理氣無用」之說。地理長眼法是一套專看形勢巒頭的風水技法，被稱為形家風水，依有形必有靈之觀念，以物體之形態、空間位置與所對應人事關係所產生之正負影響，形巒為實物為實態可見、應事較明顯，而理氣為磁場為虛態看不到，應事有快、有慢又帶神祕色彩，各派論法不一定相同，讓一般人較無所適從。本人因先接觸理氣後再學形家長眼法，因有先入為主的觀念，剛開始心中難免曾有疑惑，好在有「七分巒頭、三分理氣」的說法，而且形家陽宅的理論，不但不與理氣門派衝突，有如論面相一樣，形家如相貌五官，理氣即氣色也，這也是我目前教學方式，形家以長眼法為主，理氣則搭配三元納氣學，達到相輔相成之作用。

傳授陽宅風水有 28 年的歷史，我教學心態，從來不

擔心學生學會，而超越自己或比我更出名，怕自己不進步，思想觀念永遠老套，老套到最後自己被套牢，必須跟隨時代的趨勢而不斷調整改變，尤其現在是知識社會的時代，不同於農業社會，靠勞力賺錢，亦不同近代工業社會，靠產品或學歷升高只為賺錢，而是如何把知識用來思考、運用、創新，再轉化成力量的創意時代，故教學方式不但要有創新的見解與思維，否則肯定被後起之同學趕上且超越過去。前幾年在大陸各地教形家陽宅，最大收穫除了打響知名度外，亦提升教學方式及教材不斷更新改進，今年分別在北、中、南三地授課，每班人數都超過 20 人以上，人氣還維持不衰。臺中班林定榮老師要與孫立昇老師合寫一本形家陽宅書籍，我提供部分案例、講義再配合兩位老師之學習心得自由發揮，此書適合初學者及要求更高境界之同好一起研究分享，樂為序！

丁酉年　陳義霖

# 推薦序 / 詹順榮

　　「形家堪輿」近年正夯，為當今堪輿學之顯學，源於臺灣北部，發展於海峽兩岸，臺中市五術教育協會前副理事長孫立昇老師、現任副理事長林定榮老師，兩位均為專業風水命理老師，執業多年，都有從事教學工作，為當今堪輿界名師，聞名遐邇，理論實務俱足，實為「形家陽宅」之魁楚，合著《看風水—形家陽宅長眼法》一書，可看性很高，初學或欲精進者都可精讀，實可當傳家之典籍，同門師兄特為序推薦，與有榮焉！

　　中國老祖先的人智慧獨創「堪輿學」，歷經數千年而不衰，概略分為「巒頭」與「理氣」兩派，歷代爭議不休。巒頭派主張：「下地不裝諸卦，登山不使羅盤」，理氣派則堅持：「不用卦例去安墳，誤盡世間人」，巒頭派發源於—中國江西于都，也是中國地理學發源地（本人 2004 年曾造訪此地，並與當地風水地理老師論壇），以地理祖師爺楊救貧仙師（楊筠松，名益，唐竇州人，

今廣東信宜縣）為代表，所傳「都天寶照經」就是專論巒頭形煞，楊派後傳曾、劉、廖、賴四大家，據清朝「古今圖書集成」子部的「堪輿名流傳」中，歷代入傳者有四十八人，其中江西籍就有二十五人之多，均為楊救貧仙師的弟子，或弟子的弟子，真正的行家就是巒頭派。清朝活耀於臺灣的唐山仙，較有名者北部林瑯仙、中部蟲母仙、南部林半仙，留下很多真跡發富貴、旺人丁陰陽宅作品，綜合觀之應屬巒頭派大師無誤。

「形家陽宅長眼法」厲害之處，就是勘宅不用羅盤，直接現場準確斷驗主家陽宅吉凶，如主家房份富貴貧賤、營商衰旺、開刀血光意外、官訟是非、身體病痛、桃花外遇、自殺絕房等等。當今，以陳義霖大師最具代表，盡得絕學，活躍於海峽兩岸，傳授推廣本堪輿學術，受五術界敬重與景仰。2015 年 5 月本會臺中市分會─臺中市五術教育協會，在前任黃連池理事長及現任林豐儀理事長積極推促下，邀集執業老師及堪輿同好二十餘位，成立「形家陽宅班」，請陳義霖老師親自授課，有此機

緣，躬逢期會，親聆受教，一窺形家陽宅之堂奧，獲益多矣！恩師陳義霖大師，不藏私，不擔心學生超越自己的教學心態，值得現代從事風水地理教學老師之敬佩。

孫立昇、林定榮兩位名師合著出版《看風水—形家陽宅長眼法》一書，經閱覽綱要及內容，從最基礎的河圖、洛書、先天八卦、後天八卦談到整個形家陽宅理論，佐以林定榮老師建築繪圖專長，手繪一百多幅圖例解說，以實例分析為總結，相當完整，實為當今「形家陽宅學」之典範，初學者讀起來不吃力，很容易懂，學過「形家陽宅學」者，更是要看，因有很多實例分析與驗證，這是坊間此類書籍最為缺乏者，沒有真功夫，沒有豐富的實務經驗，根本辦不到。這樣一本好書，將付梓問世，有心專研形家陽宅者，實在非看不可。承蒙厚愛，囑吾為序，誠感惶恐，自忖才疏，有所弗逮，寸楮簡序，以申賀忱，同沾喜悅！

二〇一七年季春 詹順榮 序於 台中普賢學術堪輿中心
中國五術教育協會全國總會 理事長

# 推薦序 / 黃恆堉

　　為什麼有些人因為買對房子而居住平安、順利、進財，相反的有一部分人買了房子或租房子後，生活變得更差、更不平靜，並且有破財的壞運。就陰陽宅理論來講，可歸咎於磁場合不合適的問題，所以不能不小心。

　　形家長眼法是堪輿學的精髓，是古聖賢所遺傳真訣，歷久不衰，非常靈驗，是史上毋庸置疑的寶訣，能斷過去，能說未來。希望學者享用。

　　堪輿學是中國千年文化的精華，博大精深，內容甚豐，帝王之學，值得後人深造，以陽宅磁場理論來講，可分外陽宅及內陽宅，約各佔 50% 的重要性，【外陽宅稱之為巒頭】、【內陽宅稱之為理氣】。

　　風水學派別甚多，現最流行八宅派、紫白飛星、乾坤國寶、玄空飛星、易卦派、三元派、三合派、玄空六法等，各派都有其精華之處，

近幾年形家長眼法獲得眾多風水大師關注及學習以及研究學者多年驗證有其準確度，易學易懂，今日作者能將近幾年之理論加實務整理出版，提供對形家長眼法風水有興趣之易友加以深入研究，讓我由衷敬佩。

　　你可知道陽宅風水對人們的運勢與健康、事業興盛與否，具有相當的影響力，可知要找一位地理師到家中來規劃陽宅，大約需要花數千到數十萬不等，但是，你只要遵照本書的步驟，一步步規劃佈局「咱們的家」，這樣一來不僅可以省下大筆金錢，更能將陽宅最好的磁場一次到位，這就是作者的期望。

　　本書談到的重點有：

　　一、形家長眼法的理論根據，河圖與洛書，先、後天八卦，陰陽兩儀對應等等，打從理論開始交代。

　　二、什麼是龍過堂、虎過堂，哪一種房子較佳。

　　三、陽宅外局探討，提供買房、租房的選屋條件。

　　四、陽宅內局探討，提供屋內佈置時之重要參考。

五、山管人丁，水管財，屋外、屋內之水局探討。

六、最後會談到龍虎陰陽及家中成員及房份吉凶等細節。

以上種種問題，都是一般大眾想要知道的，看完本書你應該也可略懂八、九成了，這本書應該算是同類型之書籍最淺顯易懂的一本書，希望對你在陽宅規劃上有一點幫助，最後感謝作者孫立昇及林定榮兩位老師，願意提供這麼好的資料，讓普羅大眾能瞭解陽宅的重要性，再度感恩兩位有愛心的老師。

西元二〇一七年 歲次丁酉 黃恆堉 序於台中

台中市五術教育協會 創會理事長

吉祥坊易經開運中心 負責人

網站：www.abab.com.tw

## 推薦序／林豐儀

「發現一本好書，令人愛不釋手；發現一位好作者，更是一生難忘」，當我初次遇見林定榮老師，我對林老師的初步印象，是他的謙沖為懷，談笑風生，在社團中默默付出，而且也是我就讀的國立臺灣科技大學的早期學長，後來林老師贈我他所出版的姓名學叢書《贏在起跑點：生肖姓名學之解密篇》，閱讀後發現林老師學問更是淵博，通曉六書文字奧義，博古知今的學問令人欽佩。

另一位作者孫立昇老師，記得初次見面是在形家大師陳義霖老師教學會場上，孫老師對於風水形家相當精通，且臉書上面常貼有替人解決風水陽宅疑難與五術教學資料，是一位極為熱心且精研五術的大家。後續也相當有緣的在許多南北五術會場上見面，是一位不可多得的五術專家與人才。

今年邀請林老師擔任本協會臺中市五術教育協會副理事長，這也是本人榮幸，在一位有德有量的前輩指導

下，本協會無論在教學品質上與社員數量上都逐步提升與增加，非常感謝林副理事長的無私付出與交流。後續聽林副理事長說要與孫老師再寫第二本有關形家風水書籍時，本人滿心期待，在這集大成的期間，林副理事長曾經出示其手稿與圖案給本人觀賞，其插圖皆是林老師親自手繪，顯示出其嚴謹的作風與求真的精神，且循序漸進由淺入深，真的是一本好書，如同林副理事長與孫老師為人一樣，令人尊敬。

這本書是由形家風水的角度出發，詳實定義何謂陰陽，何謂風水，再講述到龍虎過堂與立極點，與四神四象陰陽流通之法，當真是理路清晰、流暢求真的文章；最後應用到陽宅內外局與水法上，後續又附有案例驗證且祕訣傾囊相授，正所謂「用之深可以通神」，很樂意為本書寫序介紹給有緣讀者，也承蒙林副理事長與孫老師不棄，為兩位大師做序，深感榮幸。

西元 2017 年 歲次丁酉 林豐儀 寫於豐儀易經開運中心
台中市五術教育協會 理事長

## 作者序 / 孫立昇

　　地球繞著太陽公轉，本身則日夜交換自轉，才有日月陰晴圓缺的變化，才有大自然春夏秋冬四季的循環，因此，天地之間的變化都只是陰陽的變化而已。易經八卦亦然，太極是萬物的開端，研究陽宅內外形局要有一物一太極的相對觀念，才能據以探討陰陽兩儀的動靜對應；陰陽兩儀乃一動一靜、一上一下、一左一右，其屬性本來相反，但相反又相成且存相對中運行。形家陽宅就是以太極、陰陽兩儀、四象、八卦的縱橫父媾法則，用來探討我們居家環境的吉凶剋應。

　　總體來說，風水學基本上有兩大派別，一為巒頭派，一為理氣派，巒頭派著重在龍、穴、砂、水，屬於形象學的研究，以周遭山形水態的環境形勢，針對其善惡、美醜、強弱、有情或無情直接論斷吉凶。理氣派則注重五行、八卦、九宮相生相剋原理，以時間性來判斷吉凶。而巒頭派有形可見最容易被社會大眾接受，形家堪輿是

不用羅盤測方位，就可以論斷一家之中何人何房份富貴貧賤、車禍血光、疾病開刀、賢或不肖、男女桃花、自殺被殺或犯官司等等，其斷法之變化多端及精確程度，令人嘆為觀止！

　　筆者受教於陳義霖及呂茂宏兩位老師，感謝兩位恩師指導得以進入形家這門學問一窺堂奧，多年來立昇也不斷自我鞭策，多方位專研形家堪輿，以不負恩師指導。本書的內容除了形家論述外，再加上筆者的研究心得，與林定榮老師姓名學的引述及辛勤的總和彙編，得以順利付梓，十分感謝！

　　　　　丁酉年初春孫立昇寫於 立昇命理地理擇日館

## 作者序 / 林定榮

　　所謂「建築學」(Architecture)，是研究建築及其環境的學科，它包含規劃、設計、工程、技術及藝術的綜合體，所以建築學是一門橫跨人文藝術和工程技術領域的學科。事實上，「建築學」所研究的對象，不僅是研究建築物本身，更主要的是研究人們對建築物的要求及其如何滿足合乎人性需求，研究建築物從無到有的實體產生過程，即規劃→設計→施工。

　　而所謂「陽宅學」，講究的卻是人類與居住環境彼此的互動關係，所以應當是很科學的及很人性的，不須裝神弄鬼來博取社會大眾的認可。因為一門學問如不合乎科學，卻要實用有效，我想是不太可能的，而陽宅學注重的不外乎：1.空氣是否流通，2.光線是否充足，3.水流方向是否正確等三大要素。這三大要素對我們的「身、心、靈」健康是非常重要的，所以好的陽宅一定要具備以上三個條件，否則，即使「坐、向」合乎元運也不見

得是一棟好陽宅。

陽宅基地的選擇也要合乎地段好、地質佳之處而建築，內部的配置更要注重機能、動線的實用與流暢，當然建築結構安全也是不可或缺的，如此才合乎科學與人性要求。如果陽宅學離開了自然、科學、人性的話，則為不正確的陽宅學，求吉不成反為凶，我們應有這種基本認知。筆者自接觸建築這個行業，從學校理論到實務工作已屆四十載，唯馬齒徒長少有建樹，如是之故，期望建築學與陽宅學能有所連結，寫一些較科學化的「陽宅學」以盡綿薄之力，將是筆者畢生之所盼！

「巒頭」與「理氣」的結合運用，經過實際印證後更顯相得益彰，正所謂：「巒頭無理氣之輔，則無驗；理氣無巒頭之助，則弗靈。巒理一體，掌二十八星宿，則彰顯；二十四山，隱含吉凶福禍，必玄妙」。而理氣部分將在另書論述，本書的完成期盼為五術界留下雪泥鴻爪。

也追懷亡妻何佳縈（本名美華，小名阿玉）生前一路相挺，無怨無悔地付出，我們曾一起學習五術課程，在妳離開一千多個日子後，我與孫老師合著的「形家陽宅」終於出書了，獻給妳！無限的追憶與感念！是為序。

丁酉年春季　林定榮　於　宏林易理研究室

# 目　次

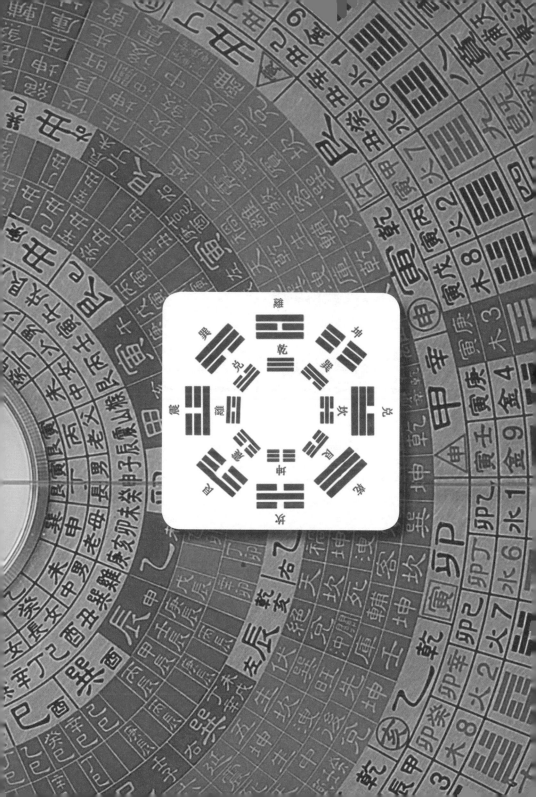

# 第一章

# 河圖與洛書

　　相傳在伏羲氏時，黃河流域躍出一匹龍馬，背上馱了一幅圖，後世稱為河圖（如河圖所示）。河圖古訣曰：「天一生水，地六成之；地二生火，天七成之；天三生木，地八成之；地四生金，天九成之；天五生土，地十成之」。又曰：「一六共宗水，二七同道火，三八為朋木，四九為友金，五十共守土」。

　　如圖示「生」數在內，所以屬於「陰質」，屬於「有形的身體」；「成」數在外，所以屬於「陽氣」，屬於「無形的磁場」。既是如此，內在為陰，外在為陽；本身為陰，他人為陽；再以下圖之二、四為陰數屬於「陰質」，因為要吸引陽氣，所以要靜（玄武及青龍），而一、三陽數屬於「陽氣」，因為要吸引陰質，所以要動（朱雀及白虎），這就是「形家」陽宅最基本的架構。

　　研究「風水」簡單來說，只有「巒頭」與「理氣」

而已，「形家」就是著重在「巒頭」這一部分，它是不需要使用羅盤，只憑眼睛看就能論斷風水（包括陰陽宅）的好壞，所以這樣的論斷方式之稱為「形家長眼法」，而河圖就是「形家」理論依據之一。也就是說：

（一）、後玄武要靜，前朱雀要動，左青龍要靜，右白虎要動。

（二）、根據河圖至理「陰陽生成分用」，以一二三四「生數」為一組，六七八九「成數」為一組，五十居中央而不動。

（三）、生數居其內，為「陰、內聚之質」，成數居其外，為「陽、外散之氣」，由此可知，「生數為陰質，成數為陽氣」。

（四）、一二三四是看得到的「身體陰質」部分，六七八九是看不到的「磁場陽氣」部分。

（五）、因為河圖之「孤陰不生，獨陽不長」，所以要有陰有陽，即單數為陽，偶數為陰，因為陽主動、陰主靜，所以人的頭部屬於陰靜「二」，

左手也屬於陰靜「四」；右手「三」，腳部「一」
則屬於陽動，也就是說一般人通常都是右手與
腳部比較靈活的緣故。

（六）、「生數陰」主「身體靜」，後山生數「二」為
陰、為靜、為質，因為靜才能收到為陽、為動、
為氣的成數「七」為我所用。相對地，也因為
青龍邊生數「四」的陰靜，才能收到成數「九」
的磁場陽氣。

陽數「七、九」是看不見的，主研究、開發、
創新、思考；或主身分、地位。

（七）、「生數陽」主「身體動」，白虎邊生數「三」
為陽、為動、為質，因為動才能收到為陰、為
靜、為氣的成數「八」為我所用。同樣地，明
堂生數「一」也為陽動，因為動才能收到為陰、
為靜、為氣的成數「六」為我所用。

陰數「六、八」是看得到的，主習慣、行為、
專長、工作；或主事業、財富。

（八）、後玄武及左青龍如為「靜止」，即符合「陰陽相吸」原則，可斷為吉，反之為凶。

吉應：思想正確、精神良好、長輩緣佳、貴人多助、身分地位好、男性氣概強或女性婚姻佳……等等吉應。

凶應：思想偏差、精神不濟、長輩緣差、小人當道、身分地位低、男性氣勢弱或女性遇人不淑……等等凶應。

（九）、前朱雀及右白虎如為「動態」，也符合「陰陽相吸」原則，可斷為吉，反之為凶。

吉應：習慣優良、行為端正、學有專長、工作順利、事業發達、財源滾滾、晚輩及女子助力強。

凶應：習慣不佳、行為偏差、不學無術、工作不順、事業阻礙、財富難聚、晚輩及女子助力差。

以上所談為河圖的基本公式及形家的基礎論斷，而

「河圖」也正是「形家」所依據的核心理論，另一核心理論則為伏羲氏的「先天八卦」。

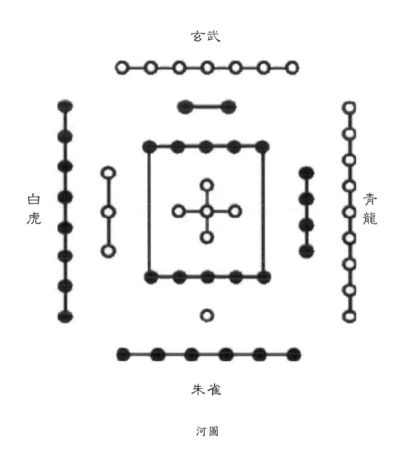

河圖

# 第二節 洛書

　　洛書古訣：「戴九履一，左三右七，二四為肩，六八為足，五居中央」。一六水剋二七火，二七火剋四九金，四九金剋三八木，三八木剋五中土，五中土剋一六水，此為五行相剋之順序。洛書也代表後天八卦：一坎、二坤、三震、四巽、五入中宮、六乾、七兌、八艮、九離。

　　如圖奇數為陽，偶數為陰．九個數字不論是直、橫、斜之三數相加均為15，可見有其特殊意義，且用途廣泛。

| | | |
|---|---|---|
| 4 | 9 | 2 |
| 3 | 5 | 7 |
| 8 | 1 | 6 |

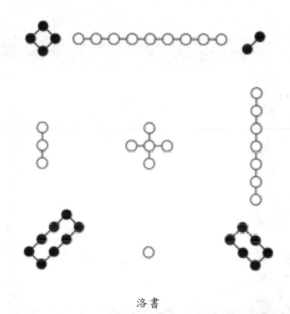

洛書

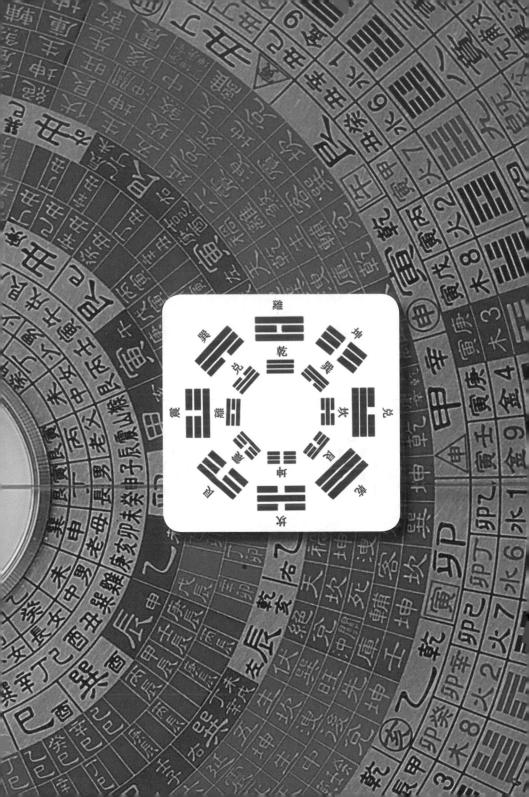

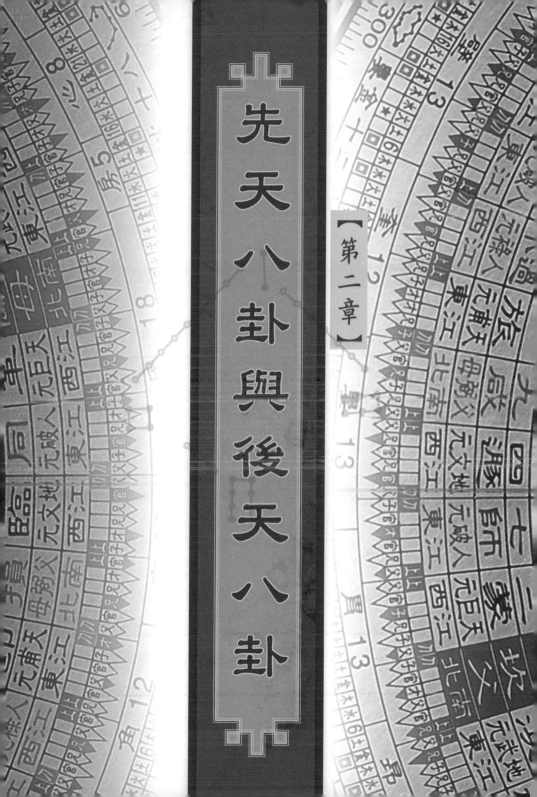

【第二章】

先天八卦與後天八卦

　　《周易・繫辭》曰：「古者庖羲氏之王於天下也，仰則觀象於天，俯則觀法於地，觀鳥獸之文與地之宜，近取諸身，遠取諸物，於是始作八卦，以通神明之德，以類萬物之情」又曰：「易有太極，太極生兩儀，兩儀生四象，四象生八卦，八卦定吉凶，吉凶生大業」。

## 一、太極

　　所謂太極是物之始，由無中生有也，即混沌不明、陰陽未分時期之無極，到形成宇宙萬用的本源，就是所謂的太極。

## 二、兩儀

　　太極動而生陽（ ▬ ），靜則生陰（ ▬▬ ），於是一分為兩儀，陰、陽是也，陰陽兩儀，一動一靜，一上一下，一左一右，在宇宙萬物中相反也相成地運行，可謂一體

兩面，互為表裡的對稱存在。

## 三、四象

兩儀生四象，四象如下所述：

太陽 ⚌ ：陽儀之陽氣化與陽氣化相結合，稱為太陽。

少陰 ⚏ ：陽儀之陰氣化複合於陽，稱為少陰。

少陽 ⚎ ：陰儀之陽氣化複合於陰，稱為少陽。

太陰 ⚏ ：陰儀之陰氣化與陰氣化相結合，稱為太陰。

## 四、八卦

由四象演變而產生八卦，八卦如下所述：

(一)、　「乾卦☰」：太陽之上再復一陽而成乾卦。乾者，健也，天體剛健，晝夜運行，自強不息。其類象為「天、剛健、老父、長輩、主管、頭部、高血壓、官員、貴氣、領袖、寶物、固執、意外」。

（二）、「兌卦☱」：太陽之上再復一陰而成兌卦。故乾兌同源。兌者，悅也，兌為湖澤，灌溉萬物，充滿喜悅。其類象為「澤、欣悅、少女、口、妾、享樂、巫、藝術、美、缺陷」。

（三）、「離卦☲」：少陰之上再復一陽而成離卦。離者，麗也，日麗中天，普照萬物，光明成長。其類象為「火、附著、中女、心血、眼睛、心臟、便祕、公衆、出名、服務、大晴天、紅單、火災、急症」。

（四）、「震卦☳」：少陰之上再復一陰則成震卦。故離震同源。震者，動也，雷霆震擊，威揚千里，活動萬物。其類象為「雷、震動、長男、足、繼承人、爭執、官非、巨木」。

（五）、「巽卦☴」：少陽之上再復一陽而成巽卦。巽者，入也，陰柔潛伏，無所不入，遍布大地。其類象為「風、順入、長女、股、筋骨、神經、文昌、謀略、市利、小人、糾纏」。

（六）、「坎卦☵」：少陽之上再復一陰則成坎卦。故巽坎同源。坎者，陷也，水性低流，滋潤大地，常滲土中。其類象為「水、險陷、中男、耳朵、浪人、河流、智、偷盜、淫、泌尿、了宮、桃花、腎臟」。

（七）、「艮卦☶」：太陰之上再復一陽而成艮卦。艮者，止也，高山靜止，停止前進，萬物終止。其類象為「山、靜止、少男、手、鼻、小童、阻隔、軍警、宗教、修行、外地、四方財」。

（八）、「坤卦☷」：太陰之上再復一陰則成坤卦。故艮坤同源。坤者，順也，順應天時，繞日運轉，厚德載物。其類象為「地、柔順、老母、腹部、胃腸、婦女、寡婦、老闆娘、副主管、田產、儲蓄、生育」。

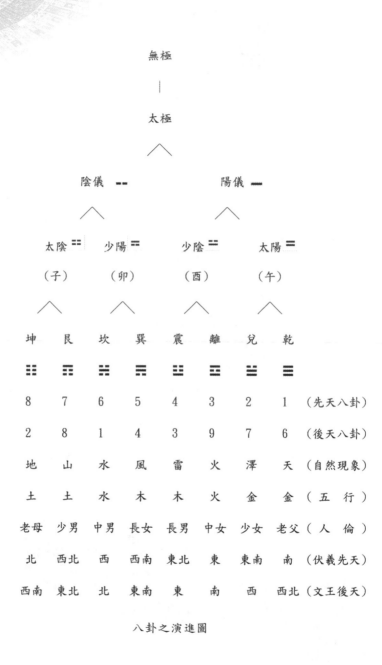

無極

|

太極

陰儀 -- 　　　　　陽儀 —

太陰 ☷　少陽 ☵　　　少陰 ☲　太陽 ☰

（子）　（卯）　　　（酉）　（午）

| 坤 | 艮 | 坎 | 巽 | 震 | 離 | 兌 | 乾 | |
|---|---|---|---|---|---|---|---|---|
| ☷ | ☶ | ☵ | ☴ | ☳ | ☲ | ☱ | ☰ | |
| 8 | 7 | 6 | 5 | 4 | 3 | 2 | 1 | （先天八卦） |
| 2 | 8 | 1 | 4 | 3 | 9 | 7 | 6 | （後天八卦） |
| 地 | 山 | 水 | 風 | 雷 | 火 | 澤 | 天 | （自然現象） |
| 土 | 土 | 水 | 木 | 木 | 火 | 金 | 金 | （五　行） |
| 老母 | 少男 | 中男 | 長女 | 長男 | 中女 | 少女 | 老父 | （人　倫） |
| 北 | 西北 | 西 | 西南 | 東北 | 東 | 東南 | 南 | （伏羲先天） |
| 西南 | 東北 | 北 | 東南 | 東 | 南 | 西 | 西北 | （文王後天） |

八卦之演進圖

【第二章　先天八卦與後天八卦】

所謂「先天為體，後天為用」，簡單的說，先天八卦是「理論的基礎」，後天八卦是「實際的應用」。

## 五、先天八卦

乾、坤、坎、離位居四個正位，我們稱之為陽卦系，羅盤上用「紅色」表示。震、巽、艮、兌位居四個對角，我們稱之為陰卦系，羅盤上用「黑色」表示。

陽卦系的「乾、坤」相對應，形成「天地定位」。

陽卦系的「坎、離」相對應，形成「水火既濟」。

陰卦系的「震、巽」相對應，形成「雷風相薄」。

陰卦系的「艮、兌」相對應，形成「山澤通氣」。

北

| 兑 | 乾<br>（後山） | 巽 |
|---|---|---|
| 離<br>（白虎） | | 坎<br>（青龍） |
| 震 | 坤<br>（明堂） | 艮 |

西　　　　　　　　　　　　東

南

※ 紅色部分（四正卦）為形家的理論依據之一

先天八卦圖（一）

【第二章　先天八卦與後天八卦】

玄武

白虎

青龍

朱雀

先天八卦圖（二）

先天八卦是「形家長眼法」的另一理論依據，如上圖所示先天八卦於形家的論斷中僅取其「四正卦」為用，其實河圖成數與四正卦的「陰陽」是相同的。

先天八卦的卦位相對於一個人的身體部位，如下說明：

「乾卦 - 頭部」，「兌卦 - 右肩」，「離卦 - 右手」，「震卦 - 右腳」。

「巽卦 - 左肩」,「坎卦 - 左手」,「艮卦 - 左腳」,
「坤卦 - 腳部」。

先天八卦的卦位相對於方位,如下說明:
「乾卦 - 後面」,「兌卦 - 右後方」,「離卦 - 右方」,
「震卦 - 右前方」。

「巽卦 - 左後方」,「坎卦 - 左方」,「艮卦 - 左前方」,「坤卦 - 前面」。

綜上所述,先天八卦與四方四獸之對應為「乾卦 - 玄武」、「坎卦 - 青龍」、「離卦 - 白虎」、「坤卦 - 朱雀」,與河圖成數「後山 - 七」、「左邊 - 九」、「右邊 - 八」、「前堂 - 六」相對應,導出形家的基本公式,即:
「後玄武、左青龍」要「靜」,
「右白虎、前朱雀」要「動」。

# 第二節 後天八卦

自然界四時的變化及生物的成長、凋零，古人以先天八卦的理論為基礎，另作一卦序名曰後天八卦。其相關卦位如下圖：

**南**

| 巽 | 離<br>（夏） | 坤 |
|---|---|---|
| 震<br>（春） | | 兌<br>（秋） |
| 艮 | 坎<br>（冬） | 乾 |

東（左側）　西（右側）

**北**

後天八卦圖

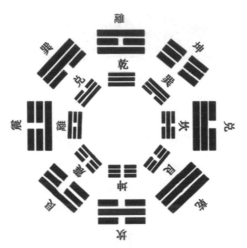

外圈：先天八卦

| 兌<br>（巽）<br>4 | 乾<br>（離）<br>9 | 巽<br>（坤）<br>2 |
|---|---|---|
| 離<br>（震）<br>3 | 5 | 坎<br>（兌）<br>7 |
| 震<br>（艮）<br>8 | 坤<br>（坎）<br>1 | 艮<br>（乾）<br>6 |

內圈：後天八卦

有接觸過風水的人，對「左青龍、右白虎、前朱雀、後玄武」應該耳熟能詳，因為這是以「形」來論吉凶，它是不用羅盤，不看卦、山、爻、度，只隨因緣機時、形象感應，即可論斷陰陽宅的吉凶，所以這種形法（巒頭）又稱為「形家長眼法」，此法自古以來皆是師徒口傳心授，少有文字記載，因此難有常規可尋。

　　在任何五術學程裡，所討論的不外乎「趨吉、避凶」，而形家陽宅主要就是在談論避凶之道。筆者自拜學形家長眼法後，再與三十多年的建築工程經驗結合，實有必要略盡綿薄之力，為陽宅堪輿領域留下一小小足跡，而形家長眼法是用「眼睛」來看，不需要羅盤及屋主個人資料便能開口直斷，但這種功力要到「爐火純青」的地步，實在也不容易，因此另本著作提出「理氣篇」供輔助，使陽宅堪輿達於完美境界。

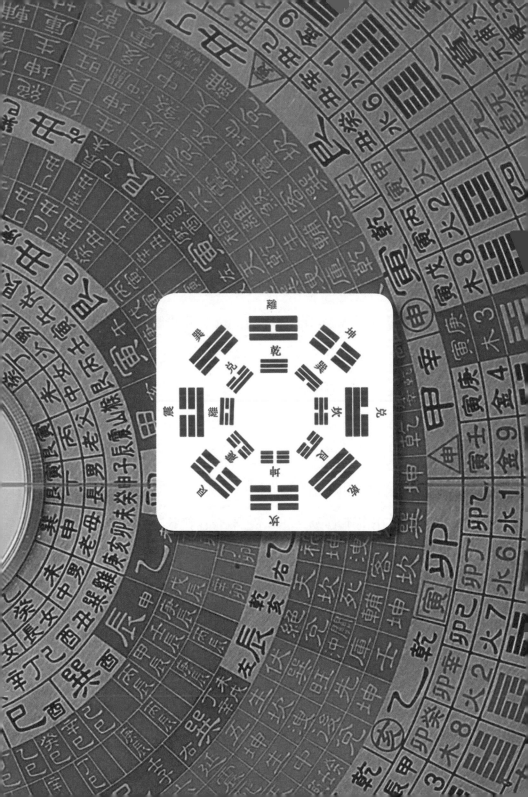

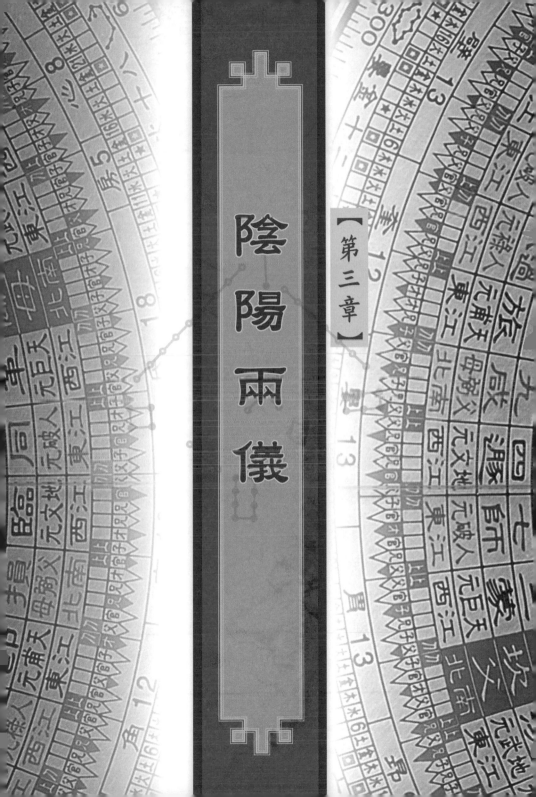

【第三章】

# 陰陽兩儀

　　「風水」一詞首見晉朝郭璞所著的《葬經》一書，該書開宗明義指出：「葬者乘生氣也。氣，乘風則散，界水則止，古人聚之使不散，行之使有止，故謂之風水；風水之法，得水為上，藏風次之」，風水一詞即源於此。由此定義得知，郭璞從喪葬的角度提出「風水」這個概念，他認為埋葬死者應該找尋有「生氣」的地穴，這樣才能使之「再生」。先人的屍骸需得「山川靈氣」才能保留久遠，其基因也可與後世子孫的身體相互感應，故利用山川之氣以養骸骨之靈，使後世子孫得以平安繁衍。

　　「風水學」分為陽宅風水與陰宅風水兩種，陽宅風水是指探討活人「住」的房子，它包括住宅、商店、公司、廠房等的內外環境，對人們的心理及生理所產生的影響，陰宅風水則是研究死人「居」的場所，它重視山川水勢、龍穴砂水，對後世子孫財官貴的影響。

所謂一陰一陽謂之道，而陰陽貴在中和，道法自然之配合陰陽相吸，氣之能量才會聚集，陰陽相排斥氣就會散，如同磁鐵同性相斥異性相吸一樣，天底下的變化都是陰陽的變化，陰陽能夠相吸能量就會聚集，能量一聚集就是好陽宅好地理了，陰宅亦同論。

　　在前一章有談到形家的理論依據，乃八卦的四正卦，雖然都是陽卦，但以人倫論之：（如圖 3-1 所示）

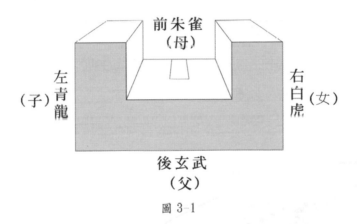

圖 3-1

乾為老父 - 男為陽 - 後玄武

坤為老母 - 女為陰 - 前朱雀

坎為中男 - 男為陽 - 左青龍

離為中女 - 女為陰 - 右白虎

　　陰陽學說原自中國古代的自然觀，古時的人民從生活中觀察到各種對立的自然現象，並歸納出「陰陽」的概念，故《黃帝內經》中的《素問‧陰陽應象大論》認為：「陰陽者，天地之道也」。由此，中醫學術發展出以人體陰、陽、虛、盛為判斷疾病與治療方向的指標。人體不同的部位、組織，以致不同的生理活動，都可劃分為陰陽兩類，例如：

　　背為陽、腹為陰，

　　外為陽、內為陰，

　　上為陽、下為陰，

　　動為陽、靜為陰，

　　流動性佳為陽、流動性差為陰，

　　力與精神為陽、體液與溫度為陰。

按照同樣道理，身體每一經絡系統都可分為陰與陽，不同的病症類型亦可按陰陽劃分，故有同病不同治的說法，就是因其陰陽消長不同而來。陰陽既相互對立統一又能相互轉化，比如說冬去春來、月升日落、老死少生、陰極生陽、陽極生陰等等。而在中醫裡說一個人身體極度的虛弱，反而容易上火，亦即所謂的「虛火」上升。

根據《素問 • 陰陽離合論》：「陰陽者，數之可十，推之可百；數之可千，推之可萬；萬之大，不可勝數，然其要一也」。故陰陽可無限細分，而這概念亦應用於中醫學上，以解釋生理活動的不同狀態。例如：五臟為陰；當中的每一個臟器，其活動狀態又可細分為陰陽，如肝陰、肝陽；腎陰、腎陽等。以上為中醫陰陽之簡介，因不在本書範疇，僅轉述參考不詳加說明。

# 第三節 陽宅之陰陽

　　《說文解字》：「陰，暗也，水之南，山之北也。陽，高明也，暗之反也」。這是陰、陽兩字的原義。陰陽的概念源自古代的自然觀，如天地、日月、晝夜、男女、上下等等，為對立又相連的自然現象，它們蘊含著相互依靠、相互制約、相互轉化的關係。「陰、陽」理論已擴展到各層面文化，例如宗教、哲學、曆法、中醫、書法以及陽宅堪輿。有關陰陽特性引述如下：

　　一、兩者互相對立：萬物都有其對立的特性，天為陽、地為陰，熱為陽、寒為陰，這是一種對立狀態，但是對立並非絕對，而是相對的，比方說「平地」，它相對於高山時平地為「陰」，但相對於深谷則為「陽」，符合「上為陽、下為陰」的原則。因此，陰陽是一種相對性而非絕對性。

二、兩者互相依靠、轉化、消長：所謂陰中有陽，
　　陽中有陰，任何一方都不可能離開另一方單獨
　　存在的，也就是「河圖」的至理 -「孤陰不生，
　　獨陽不長」。

　　向外擴張是陽，向內縮是陰，如同夏天人的活動量
大一樣，太陽為陽，月亮為陰，因為人在白天時精神要
好陽氣要足，晚上時由陽轉陰才能好好睡覺休息，可是
有很多人晚上卻睡不著覺，這種違反大自然規律的人，
壽命是不會長久的，如再不調整作息，人很快就會歸陰
的，因為天為陽，地為陰是不能顛倒的，人只能順應天
地的規律變化，該陽時要陽，該陰時要陰，如此就能長
命百壽了。而形家陽宅就是在幫人順應天地陰陽的變化
法理，而形家陰陽分法舉例如下：

**陽：**龍、男、高、上、長、輕、單、左、淺、逆、動、
　　新、破壞力。

**陰：**虎、女、低、下、短、重、雙、右、深、順、靜、
　　舊、包容力。

有關形家陽宅陰陽理論，本書各章節另有詳述。

# 第四節 藏風聚氣原理

　　地球自轉規律是地球自西向東轉，太陽自東起由西降，而風由東向西吹，地球的轉動造成地表迎著風的現象，因此龍強為藏風聚氣，虎強則無法藏風聚氣。

　　地球是圍繞著太陽橢圓形運轉的，而月亮又環繞著地球而運轉的，它們的規律是橢圓形逆時針旋轉的，而在地球逆時針環繞太陽時，相反的就有氣流順時針運轉。人類以及萬物每天都要承受地球本身及天體氣流旋轉力場的影響。

　　地球為逆轉，故左旋逆轉的太極圖為地球，代表空間，對我們的影響即是左旋理論會讓人更年輕。天體為順轉，故右旋順轉的太極圖為天體，代表時間，對我們的影響，時間會流逝，所以人才會有生、老、病、死，故重於擇日之用，空間其乃不生不滅的物質結構內藏凝聚之力，故風水是以著重於空間為主，擇日為輔。

宇宙中有天體，地球置於其中，而其中有木星、火星、土星、金星、水星、太陽、月亮及其他行星，使其周轉不息，地球受天體及行星力量影響，地球上的動植物，透過行星運作造成人的命運幸或不幸均來自行星力量，而地球又因為自轉、公轉造成有日夜及四季的分別，也如此萬物才有生、老、病、死。

　　氣乘風則散，如氣散則萬物衰敗死亡，「藏風」便是能防止其旺氣消散而持盈保泰，達到「聚氣」之效。地理風水忌犯風煞，風水最怕「砂飛水走」，任何風水之地，只要站在「穴」點上，還可感覺風呼呼吹個不停，這種地理就算能賺得到錢也難保得住。「水」乃風水學中最重要因素，水法吉凶直接影響風水成敗，也最具速效力量，「坎為水」，水主「財、情、陷、毒」，所以水法如出錯，便易發生男女間桃花及色情問題，所以風水學真正精神乃在於如何「得水及藏風聚氣」。

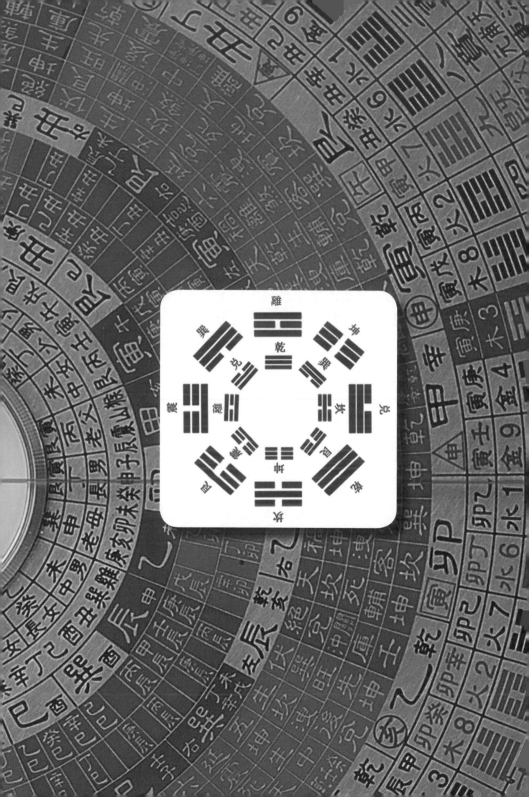

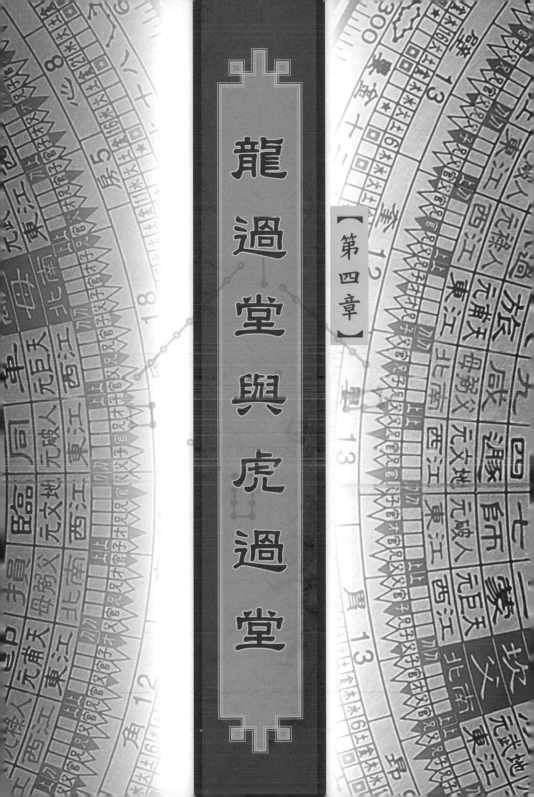

【第四章】

# 龍過堂與虎過堂

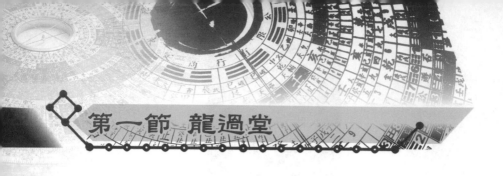

　　陽宅龍過堂之基本形態源自於陰宅之龍砂過堂，如下圖所示：

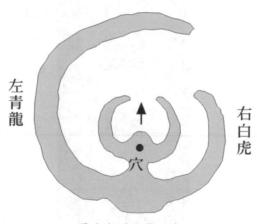

左青龍

右白虎

穴

圖 4-1　陰宅龍過堂

　　龍虎砂分布在穴場左右，如果沒有前面案山，也無法藏風聚氣，所以仍須搭配前面案山交鎖為用，若是龍砂環抱穴場過明堂，則稱為「龍過堂」，男性襯衫穿法即為「龍過堂」之淺顯例子。

# 一、外局龍過堂

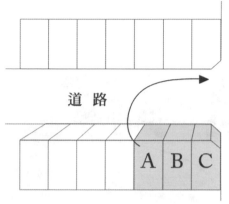

圖 4-2 外局龍過堂

# 二、內局龍過堂

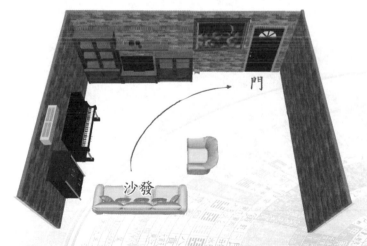

圖 4-3 客廳龍過堂

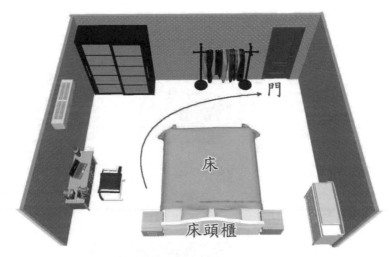

圖 4-4 臥室龍過堂

# 第二節 虎過堂

　　陽宅虎過堂之基本形態也源自於陰宅之虎砂過堂，
如下圖所示：

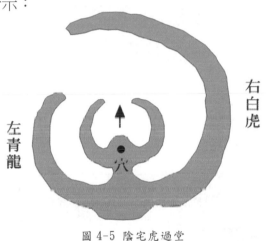

圖 4-5 陰宅虎過堂

　　如上節所述，龍虎砂分布在穴場左右，如果沒有前
面案山，依然無法藏風聚氣，所以仍須搭配前面案山交
鎖為用，若是虎砂環抱穴場過明堂，則稱為「虎過堂」，
女性襯衫穿法即為「虎過堂」之簡單例子。

# 一、外局虎過堂

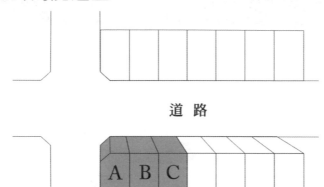

道　路

A B C

圖 4-6　外局虎過堂

# 二、內局虎過堂

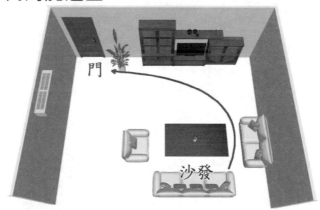

門

沙發

圖 4-7　客廳虎過堂

【第四章　龍過堂與虎過堂】

# 第三節 立極點

　　判斷龍虎過堂的「立極點」，以陰宅而言就是墓碑的中心；以陽宅來說就是房屋的大門。再以房屋內局來論：

## 一、客廳：以「沙發」為立極點

圖 4-8 客廳立極點

## 二、神明廳：以「神位」為立極點

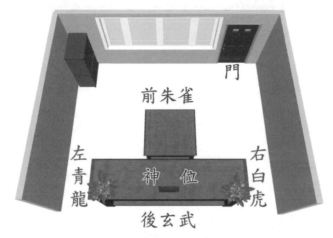

圖 4-9 神明廳立極點

## 三、臥房：以「床舖」為立極點

圖 4-10 臥房立極點

## 四、廚房：以「爐灶」為立極點

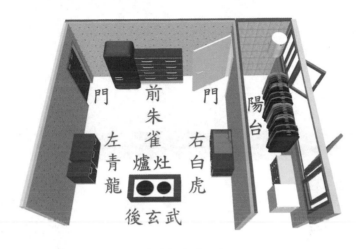

圖 4-11　廚房立極點

## 五、書房：以「書桌」為立極點

圖 4-12　書房立極點

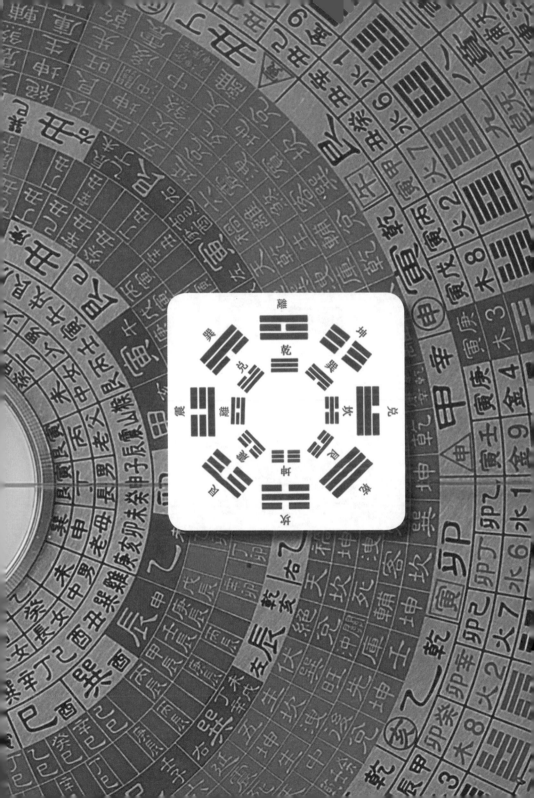

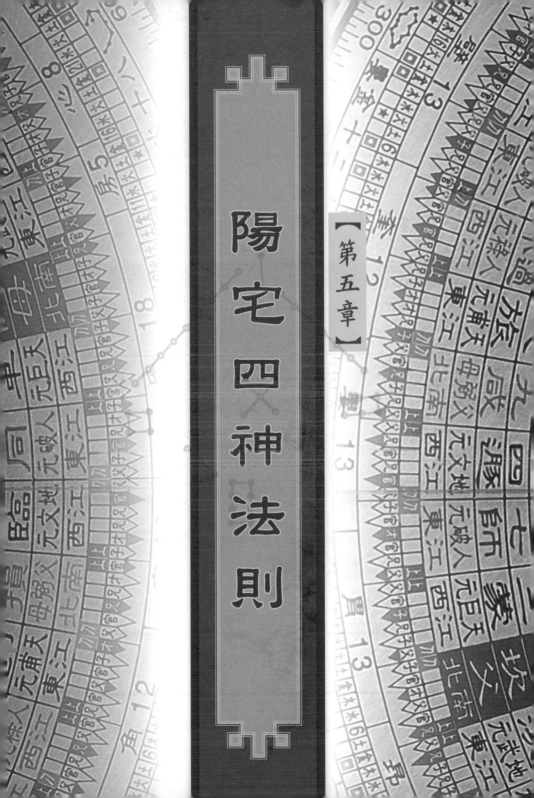

【第五章】

# 陽宅四神法則

代表空間逆旋的太極圖，如何運用在我們的形家陽宅呢？其為「上陽下陰，左陽右陰」，也就是男上女下，左男右女的道理，如此把上、下、左、右結合後則會形成左後為全陽，右前為全陰，右後為一陰一陽，左前為一陽一陰。

因此，根據陰陽原理，左後為全陽 (+、+)，宜有陰之物質來配合，才會陰陽相吸，也才會聚財，如果再有動之物質來配合，則變為純陽之地，陽氣太過必傷男人；而右前方為全陰 (-、-) 之地，則要陽動來配合，使之成為陰陽相吸，如此不但發財也會人丁興旺；後山之右 (-、+) 也宜陰靜才好，因太極圖逆旋，陽多於陰宜陰靜來配合，前明堂之左 (+、-) 因陽多於陰則宜陰靜來配合，故後山及左前宜配陰靜為吉，而右前為全陰宜陽動配合為吉，故宅之後方及左方宜高或地勢高，這也就是左青龍

及後山要有靠的原因，所以左低、後低的地理不但無法藏風聚氣，也是陰陽相斥，氣不聚也會傷人丁。

上陽下陰

左陽右陰

陽宅陰陽法則圖

## 第二節 十字座標與四神、四象對應關係

如圖所示說明如下：

一、 為加強記憶我們以數學平面座標為例：第一象限(+、+)代表老陽，第二象限(-、+)代表少陰，第三象限(-、-)代表老陰，第四象限(+、-)代表少陽。

二、 玄武、朱雀、青龍、白虎即一般陰陽宅所謂的四神獸，玄武即後山，朱雀就是明堂，左邊為青龍，右邊是白虎。

三、 此圖雖然簡單明瞭，卻是形家最牢靠的基本概念，只要細心品嚐，不難一探形家全貌。

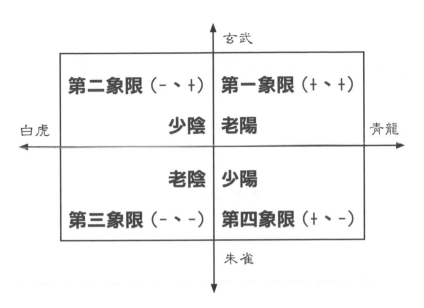

玄武

| 第二象限（-、+） | 第一象限（+、+） |
| 少陰 | 老陽 |
| 老陰 | 少陽 |
| 第三象限（-、-） | 第四象限（+、-） |

白虎

青龍

朱雀

十字座標與四神、四象對應圖

太極圖

# 第三節 陰陽流通法則

　　自然之氣要流通，必須有高低、陰陽之分，於是每一段轉折便會自然的採取陰陽相吸的模式，如此氣才會周流不止，而人身亦是陰陽自然的一部分，所以以自然之法必能天人合一。人的上半段為陽，下半段為陰，配合陰陽相吸原則，氣才會聚，才會周流不止，這就是自然的道理，也就是好風水的原則，如同水往低處流一樣，正因為人是宇宙自然的一部分，所以也會受宇宙磁場的影響。

　　後山為老陽，須有高、靜、陰來配合才會形成陰陽調和，如後山有路沖則為陽動，形家以高靜為陰，低動為陽，老陽再逢陽動來沖時，那麼後山就變凶了。龍邊為少陽，若再有陽動路來沖主有意外，而且傷亡機會大增，因為陽對陽為獨陽不生。

　　虎邊為少陰，明堂為老陰，若再有陽動路來沖主有

意外，但傷亡機會較小，因為陰陽相乘福祿永貞。所以龍邊及後山宜靜、宜實有靠，虎邊及明堂宜動、宜空為吉。

## 一、太極圖

關於太極圖左旋、右旋，簡單介紹如下：

（一）、太極圖左旋為「逆」、為「空
間」、為「體」、為「質」、
為「靜」，空間為永恆。

（二）、太極圖右旋為「順」、為「時
間」、為「用」、為「氣」、
為「動」，時間會流逝。

在第一章已談過形家的基本理論，是來自於「河圖」
與「先天八卦」，形家是取先天八卦的四正卦為依據，
再配合後天八卦的卦象論房份及人事。

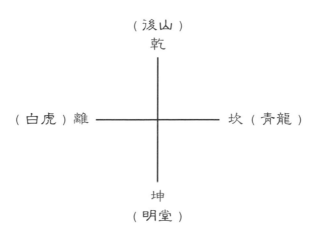

（後山）
乾

（白虎）離 ──────┼────── 坎（青龍）

坤
（明堂）

說明：因為左後為全陽，所以要有陰來配合才會陰陽調和，故後山宜靜，這樣就符合了陰陽磁場原則了，如此就有利於男人的事業發展。如果後山再有「動」就變成陽對陽，而產生同性相斥，也就會應驗傷到男人身上及犯小人了。

右前方為全陰之處，故宜「動、空」才會陰陽相合，也才有錢財進入。所以形家強調龍空、後空會傷人丁，而「虎邊起高峰，老婆打老公」，因為虎邊代表女人，虎邊較高的話女人當然就強勢了。

## 二、陽宅四局法則

（一）、後山（乾金）：為「官貴、長輩、男人、健康、

靠山」。

因此，後山宜「陰、靜」才能陰陽相吸，才會有貴人，才會身體健康；如後山有「陽、動」就同性相斥，出事時沒有貴人相助，同時男人身體也不好，健康上以糖尿病或陽痿居多。

（二）、明堂（坤土）：為「財富、妻女、部屬、外人、女人、行為」。

因此明堂宜「動、空」，才會陰陽相吸，子女才會有成就，財源才會廣進，如能再配合得水為上之原則，那麼發財的機會也會大增；反之，明堂高聳又閉塞則無財可言，子女亦無成就，如果後山亦空則為陰陽巔倒，主應奴欺主。

（三）、青龍（坎水）：為「思考、判斷、貴人、男人、學識、氣質、精神」。

後山及龍邊都是在討論男人、貴人及健康，因此有龍邊但後山無靠，其剋應為空有理想，目標卻無法實現；有龍邊有後山，但後山太旺太

逼迫，做事想到哪裡就做到哪裡，又沒有計畫、思考與判斷，也無貴人相助。

龍旺於虎為水火既濟，虎旺於龍為火水未濟，但龍邊強、虎邊空的話會傷到女人；反之，虎邊強、龍邊空則傷到男人。龍邊高代表有智慧、有貴人，賓主分明，賓敬主，身體也健康。相對地龍邊空陷，代表沒有活力，沒有貴人，男人氣勢也比較弱。

（四）、白虎（離火）：為「子女、賓客、習慣、作為、行動力、女人、小人」。

白虎屬陰，所以要「陽、動」來才會陰陽相吸，才有賺錢能力；反之，龍弱虎強則容易犯小人，賺錢能力差且家中女人掌權，爭吵多及奴欺主之剋應。

※ 陽宅也可以用「八字理論」及「卜卦原理」來論斷，因限於篇幅且非形家範疇不在此贅述，請讀者見諒。

官貴
二房
後山

食傷 三房 虎 ———————— 龍 大房 印

明堂
二房
妻財

　　綜合先後天八卦，整理一完整之「形家陽宅十字天心木字訣」供讀者參考，如下圖所示：

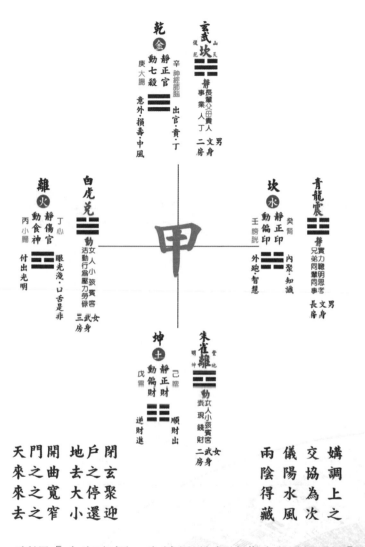

　　所謂「十字座標」也就是形家前輩大師所說的「十字天心」，本文引進數學座標概念（請參閱本章第二節十字座標與四神、四象對應圖），就是要讓讀者更加瞭解

「十字天心」與「十字座標」是相通的，本章各節所繪製的「十」字座標圖形所代表的各種意涵，詳加說明於後：

一、因為後山主官貴、主子息，所以明堂暗或逼又無後山（如圖 5-1），則為奴欺主或不出男丁，因為後山為「乾金」，明堂為「坤土」，沒有土就不能「土生金」。虎邊高、龍邊低也是奴欺主的格局。

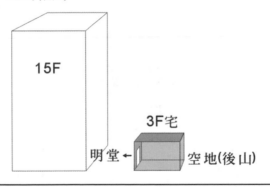

圖 5-1 明堂暗或逼又無後山

二、因為後山為官貴，所以無後山則無貴人相助（如圖 5-2），亦主身體健康有問題，尤其是家中的男性長輩。

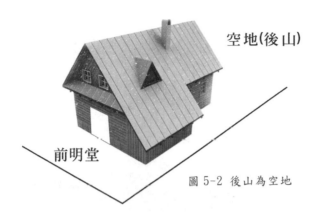

空地(後山)

前明堂

圖 5-2 後山為空地

三、後山無靠或後山低陷則主病局（如圖5-3），後山
　　動或被沖則主意外，亦如卜卦之論：官鬼為病，
　　父母為印，食傷為子孫，故虎動才會子孫生衰
　　財，為我所用矣。子孫會認真努力，食傷旺才
　　會有能力展現本身的才華。

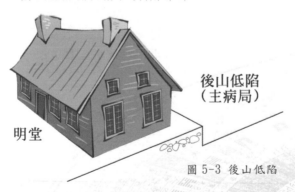

後山低陷
（主病局）

明堂

圖 5-3 後山低陷

四、後山（乾）陽動太過主傷男（如圖5-4），而在明

堂 ( 坤 ) 陰靜太過主傷女及小孩（如圖 5-5 ）。

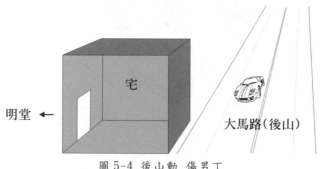

圖 5-4 後山動 傷男丁

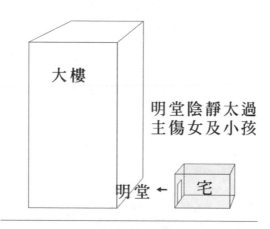

圖 5-5 明堂陰靜太過

五、後山屬陽宜高宜靜，龍邊也是如此，這樣才能
　　陰陽相吸。所以後山低、青龍低就無法聚氣，
　　這也是傷到男性的凶地理（如圖 5-6、5-7 ）。

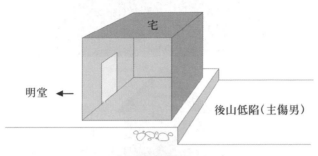

圖 5-6 後山低陷

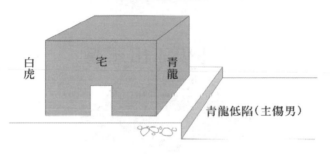

圖 5-7 青龍低陷

六、後山為乾卦、為頭、為首、為領導者、為男人，
屋後屬乾卦主官貴，要靜才為貴，有動變為悲，
屋後有靠才有丁貴，宜圓不宜尖峰，尖峰出惡
霸（如圖 5-8、5-9）；後山有靠，為文身、為貴人、
為父親、為長者，長者有智慧不分富貴貧賤全
包容。

85

圖 5-8 後靠金形山

圖 5-9 後靠火形山

七、形家論公司老闆或決策者宜居宅之後段,又如
　　姓名學之「大姓」為名聲,為官貴之名(科名)
　　,為祖先之蔭。(請參閱林定榮著《贏在起跑點:
　　生肖姓名學之解密篇》)

八、有虎有行動才能虎動生財(離火生坤土)，但有
　　虎沒有明堂的逆水局，則努力十分可能只得三
　　分。然而後天的努力，也可以改變虎邊不佳的
　　格局。白虎太旺變傷官剋官(離火剋乾金)，个
　　受後山之約束，所以後山再低陷的話則虎必太
　　旺，虎太旺就會「傷官剋官為禍百端」，切記！

九、虎動明堂動為食傷生財(離火生坤土)為我所
　　用，但如果沒有明堂也沒有後山，則無財亦無
　　官，因為無土就不能生金。

十、龍過堂，家庭兄友弟恭，不但文身賺錢且有貴
　　人幫助(如圖 5-10)。

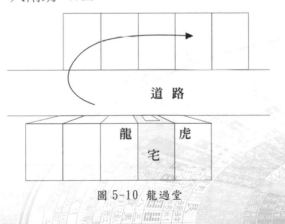

道　路

龍
宅

虎

圖 5-10 龍過堂

十一、虎過堂，是武身賺錢的格局，可以展現才華而
　　　獲得財富（如圖 5-11 ）。

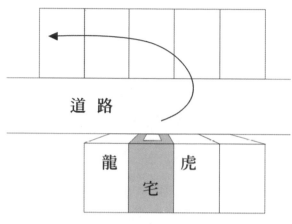

圖 5-11　虎過堂

十二、虎代表行為、作為、行動、表現、女人、專長，
　　　虎太旺主女人、小孩不受管教約束，虎邊旺虎
　　　邊動明堂又開闊，努力仍會有錢賺（如圖5-12 ）。

虎旺宜明堂開闊

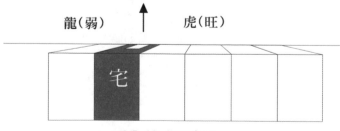

圖 5-12　龍弱虎旺

十三、有後山方可生印，有後山財來時才生得起，方
　　　可以財身皆旺（如圖5-13）。如果沒有後山，財
　　　來的時候則為「財多身弱」格局（如圖5-14）。

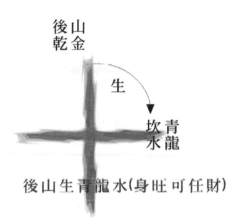

圖 5-13　後山有靠

圖 5-14　後山無靠

十四、有後山有龍邊可以形成官生印（乾金生坎水），

也就是後山及龍邊都要有靠（如圖 5-15 ）。

圖 5-15 後山龍邊皆有靠

十五、「離為火」主血光、損財，虎抬頭主奴欺主，

女員工強勢，虎為火，虎太高則主火氣大、爭

執多、奴欺主、女人強勢、犯血光、犯小人、

婆媳不和、子女不孝（如圖 5-16 ）。

圖 5-16 虎抬頭虎太高

十六、有土斯有財，財為養命之源，故明堂宜開闊、
宜逆水而來，順水為看財流去(俗稱18667)。
若是逆水而來但住宅無後山及青龍，對健康而
言也是會傷身的，順水為剋出，逆水為納入，
這是形家水法的要點（如圖5-17、5-18）。

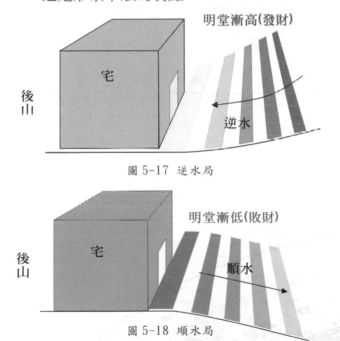

圖 5-17　逆水局

圖 5-18　順水局

十七、龍過堂，是文身賺錢動腦求財的格局。虎過堂，
是武身賺錢技術人員求財的格局。

十八、明堂逆水有錢可賺，但龍邊及後山弱或有傷破
（如圖5-19），則為「財多身弱」格局，即有了
錢子壞了身子。

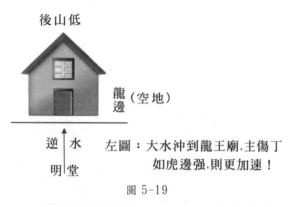

後山低

龍邊（空地）

逆水
明堂

左圖：大水沖到龍王廟.主傷丁
　　　如虎邊強.則更加速！

圖 5-19

十九、明堂前水斜飛或順水拖出，如果後山越高（如圖
5-20），敗財更快、更嚴重，此為「財弱官旺」
格局。

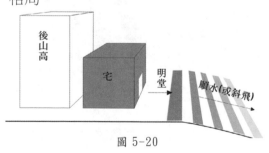

後山高

宅

明堂

順水(或斜飛)

圖 5-20

二十、後山來水龍邊拖出（如圖 5-21~圖 5-23）又無過明堂
　　　為財敗，不一定是因為自己的花費，而是莫名
　　　其妙的將財敗掉。

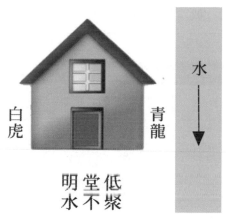

圖 5-21　龍水拖出（一）

圖 5-22　龍水拖出（二）

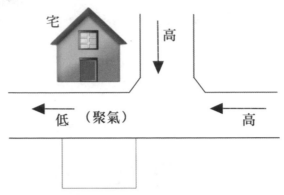

圖 5-23 龍水拖出（三）

二十一、後山全陽再逢陽動，則容易有心血管疾病（如圖
5-24 ）。

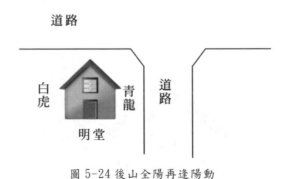

圖 5-24 後山全陽再逢陽動

二十二、明堂為陰，再逢陰、暗、靜（如圖5-25 ），則傷脾、
胃及腎水不足的疾病（土剋水）。

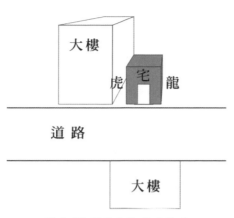

圖 5-25 明堂為陰再逢陰暗

二十三、「形巒」只是把事物論斷加重而已,仍須配合八卦「理氣」,才能相輔相成。

二十四、明堂又稱為朱雀,屬坤卦,坤為母主勞碌,代表足部、為口舌之象,明堂不好易誤入失敗之途。

二十五、屋前明堂為坤、為陰、為大地、為四方財,所以宜開闊,心胸要寬大才會有財,有土斯有財。如果出門見山壁,則事業發展不順、子女不孝。

二十六、屋前明堂為坤土,因為我剋為財(木剋土),水即是代表財,所以逆水來我就發財,當然吉祥

如意。

二十七、 順水為我去尋財必是難上加難，因此賺不賺錢就看明堂水神有沒有進入家宅，也就是說明堂要收逆水之意。

二十八、 坤為土，有土斯有財，暗堂、逼堂為陰靜損財，明堂宜陽動才會進財。

二十九、 所謂天圓地方，故「後山」宜金形山，「明堂」要開闊、寬大，而且要收逆水（如圖 5-26 ）。

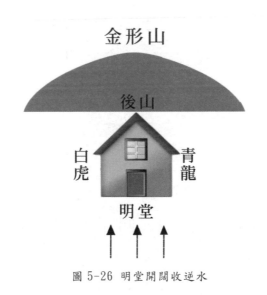

圖 5-26 明堂開闊收逆水

【第五章 陽宅四神法則】

三十、朱雀（明堂）宜開闊，不可順水局也不可牽鼻
　　　水，更不可逼、不可暗堂。明堂不宜有路沖，
　　　否則會造成口舌、是非、官訟（如圖 5-27 ）。

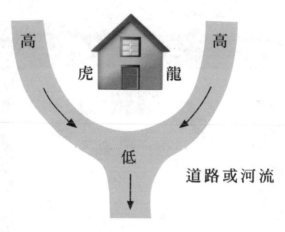

圖 5-27 牽鼻水

　　由以上可知，若家宅有傷破之處，應該由何局改之
方為上策。因為財為養命之源，要收到來水，錢財方能
進入家宅。

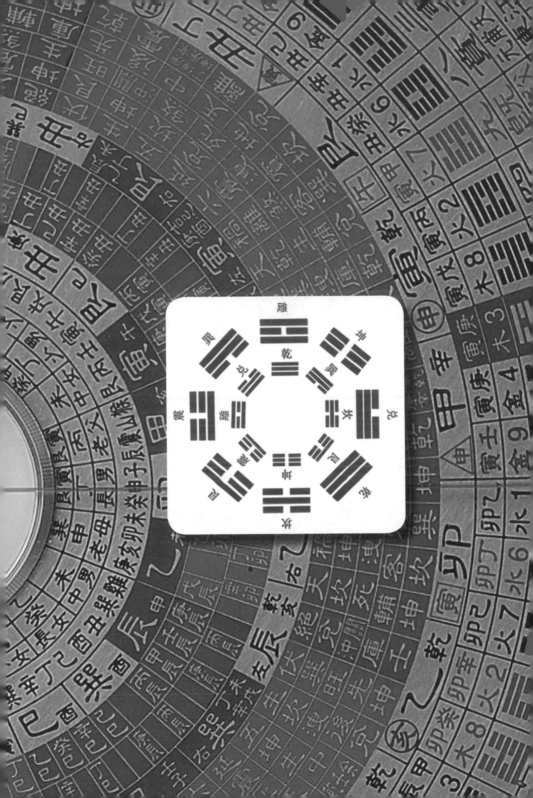

# 陽宅外局討論

一般論斷陽宅外局的好壞，都從該建築物之點、線、面整體逐步分析。「點」就是討論建築物本身格局，「線」為討論左鄰右舍房屋對本宅的影響，也就是說龍、虎邊的形勢狀況，「面」就是討論本宅前面的明堂動態及後面的後山狀況，就可以判斷該宅格局吉凶了。以下各節均針對外局四神獸對陽宅影響所做的討論，請讀者慢慢品嚐。

# 第一節 尋龍點穴論砂納水立向之運用

## 一、尋龍、點穴

尋龍、點穴、論砂、納水、立向是學地理的五大科目，陰宅如此，陽宅亦如是，都市內一排排高低起伏的房子為山龍，高大之它為大山龍，低小的為小山龍，四通八達的馬路或水溝為水龍，新建屋宅為旺龍，舊屋為衰龍，因樓房有高低起伏，水路有左右轉彎，所以就會形成生動活潑的山水形勢出來。

高為山，低為水，山靜為陰，水動為陽，陰陽本是相輔相成，所以兩山之間必夾一水，兩水之間必有一山，山與水本不相離，大小長短不一的馬路當水龍看，長又寬的為大水龍，短又窄的為小水龍，有的馬路彎彎曲曲造成水聚，彎抱之處即是龍停之處，此聚集之處就是所謂的穴場，因此「龍、穴」是無法分開的。

## 二、論砂

消砂是主應人的「貴、賤、福、禍」，消砂是以羅盤最外層的二十八星宿來論斷，且以宅體立向的中心點為基準，以此五行為主體（自己），以四周之砂峰、大樓、高塔、電線桿為客體，如客體之五行生主體則無妨，主體之五行剋客體（我剋）也沒關係，但若是剋我、洩我五行者，則應避之。

羅盤最外層就是二十八星宿實際度數圖，如果我們所量的屋宅（坐）五行為木，在屋宅的任何一方如果有砂峰、大樓、高塔、電線桿等，此時看這些形煞物所對應的二十八星宿五行是什麼，對本體有無影響，如果五形是屬木、水、土這三種則無妨，因為木木比和、水木相生、木剋土乃是我剋為財；若形煞為金或火，則金剋木，木洩於火，則形煞對本宅所產生的負面作用，便會顯露無疑。

## 三、納水、立向

納水也稱納氣，所有的地理師都知道「水主財」，

因此納水(氣)的好壞攸關一個人的財富多寡。「龍、穴、砂、水」是肉眼看得見且能分得清楚，是屬於「巒頭」部分；「向」是肉眼看不見且很難看得準確，它必須借重羅盤，所以是屬於「理氣」部分。

立向看地盤，納氣看天盤，但必須是同卦系才可以，例如地盤立陽卦系的向，天盤必須納陽卦系的氣，才不會陰陽混雜，簡單說，以羅盤上面的字，就是立「紅色字」的向要納「紅色字」的氣，立「黑色字」的向要納「黑色字」的氣。

關於「立向」與「納氣」，在理氣專書會有詳細說明，在此不另贅述。

　　陽宅龍虎形勢，能影響居住者之人際關係、家庭狀況、夫婦是否和諧、子女是否賢孝，還可以影響財運、健康、壽命、人丁衰旺，是否有官訟是非、桃花及意外事件，故陽宅左鄰右舍屋況之龍虎形勢，為選擇居住條件的重要因素。龍虎邊是屋宅左右相對的兩邊，龍強則虎弱，龍高則虎低，強弱高低乃是相互比較並非絕對性的，因此龍、虎形式很難單獨論斷，必須一起討論之。

　　龍邊在先天八卦為坎卦屬陽，所以宜靜宜實有靠也要高；虎邊在先天八卦為離卦屬陰，所以宜動宜虛有空也要低。依先天八卦敘述：

　　**青龍（坎水）**：為「男人、長輩、雇主、本地、文職、主人、貴人、思考、合夥、理想、天然、早運、正途、冷靜、前任、正牌」。

　　**白虎（離火）**：為「女人、晚輩、員工、外鄉、武職、

賓客、小人、直覺、獨資、實際、人為、晚運、異路、
衝動、後任、山寨」。

下列各點為有關龍、虎形式之分析：

一、龍虎兩邊漸漸高起，不壓迫且長，男女壽命長，
　　若龍邊略高於虎邊，及外局龍過堂，將有利於
　　人際關係，男主人當家（如圖6-1）；若房屋建在
　　龍邊形勢漸低的斜坡地上，人會出名，但比較
　　會漏財（如圖6-2）。

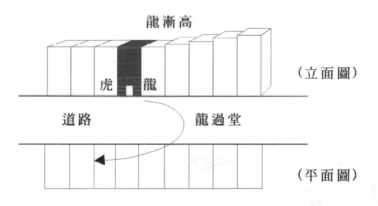

圖 6-1

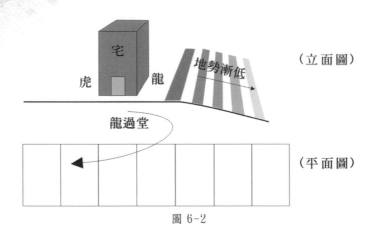

（立面圖）

地勢漸低

宅

虎　　龍

龍過堂

（平面圖）

圖 6-2

二、虎邊長但龍邊低陷，主男人壽短（如圖6-3）；若
　　龍邊有圍牆或整排樹，居住者如果不是長房，
　　尚可平安二代，但頭胎如果生男孩，不是夭折
　　就是不利父親健康（如圖6-4）。

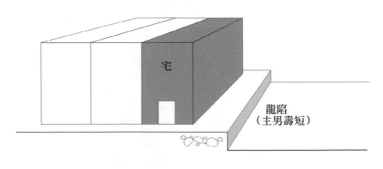

宅

龍陷
（主男壽短）

圖 6-3

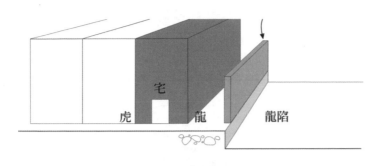

圖 6-4

三、龍邊或虎邊無靠旁邊有路 ( 龍斷或虎斷 )，往前
　　可見馬路直沖，應官非訴訟（如圖 6-5A、6-5B ）。
　　若前面馬路呈彎路狀 ( 歪哥路 )，應男人桃花（如
　　圖 6-5C ）。若前面馬路，呈外開放狀或交叉路呈
　　外開式，則應女人桃花（如圖 6-5D ）。

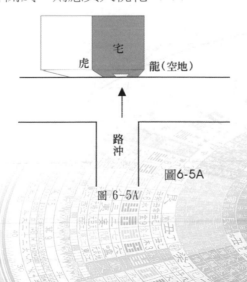

圖 6-5A

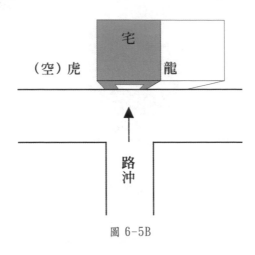

圖 6-5B

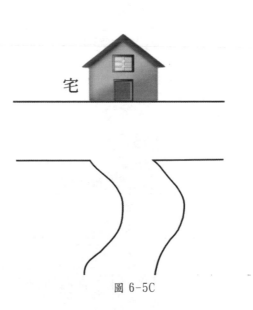

圖 6-5C

【第六章　陽宅外局討論】

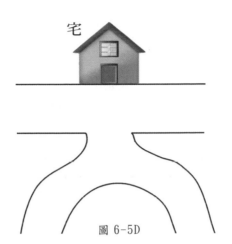

圖 6-5D

四、沒有龍邊又無後靠，但外局龍過堂，則男人沒
　　有實力但愛吹牛，為虛有其表（如圖6-6A）；若
　　屋後玄武有靠，龍邊短虎邊長且高，應男人愛
　　表現，做三分事吹噓十分成果（如圖6-6B）。

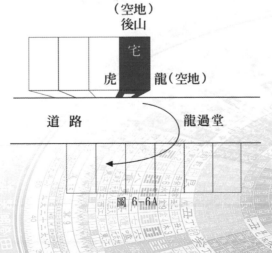

圖 6-6A

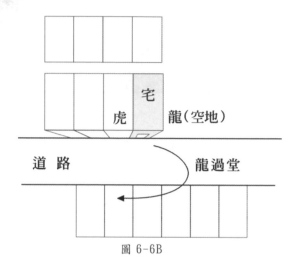

圖 6-6B

五、龍邊長虎邊缺，屋前虎過堂，表示女人無實力
　　且愛表現（如圖 6-7A ）；若虎邊隔馬路有房舍，
　　女人喜歡在外面串門子（如圖 6-7B)。

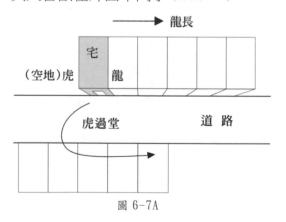

圖 6-7A

【第六章　陽宅外局討論】

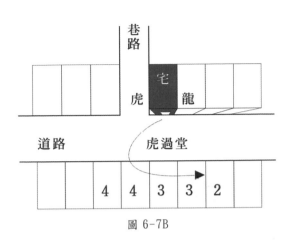

圖 6-7B

六、沒有龍邊，又龍邊緊鄰馬路，且未繞過明堂為
龍水拖出，且虎邊長又虎過堂，應漏財、男人
吃藥、遭小偷（龍邊先天為坎水），長女也容易
離婚（低論女），如為店舖則經常更換主人經
營（如圖 6-8）。

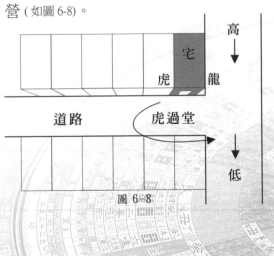

圖 6-8

七、沒有虎邊，又虎邊緊鄰馬路，且未繞過明堂為
虎水拖出，女性事業難有成就，壽命也較男人
短，男性應在三、六、九房且不容易娶到老婆
( 如圖 6-9)。

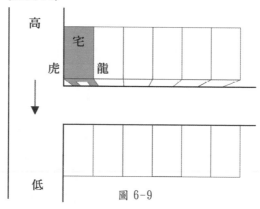

圖 6-9

八、沒有龍邊，虎邊又長且虎過堂，前門收拜堂水
或有收水局，屋主有賺錢，此局為女人當家，
男人比較忠厚老實 ( 如圖 6-10) 。

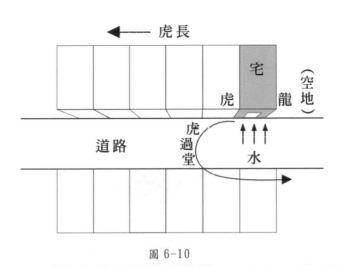

圖 6-10

八、龍邊緊鄰馬路，正前方樓房高於本宅，且明堂

　呈昏暗現象，一般來說會造成子女晚婚（如圖

　6-11）。

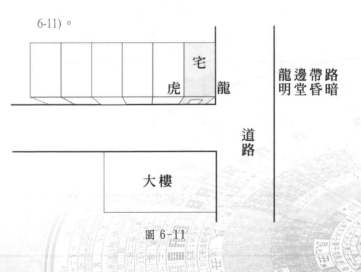

圖 6-11

十、龍邊長又高且帶切（如圖6-12A）或屋宅對面龍過
堂帶壁刀（如圖6-12B），會出不良少年。

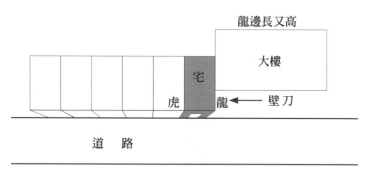

圖 6-12A

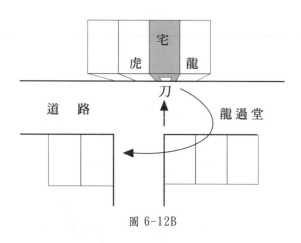

圖 6-12B

十一、龍虎邊都長，且龍過堂收虎水，再配合理氣佳，
家中成員容易出名，且賺錢也快（如圖6-13）。

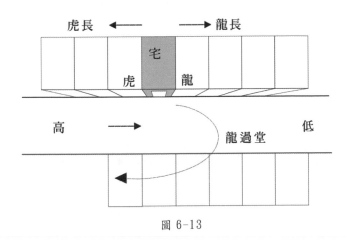

圖 6-13

十一、沒有龍邊也沒有後山，主人丁不旺，三房居住
　　　會比較理想，可能會先生女兒後才生男孩（如圖
　　　6-14）。

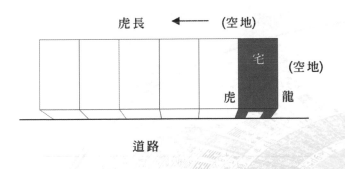

圖 6-14

十三、住家有龍虎邊，但後靠是河流的話，則二房不
　　　會生男生，若出丁則傷丁，因為此局對男人及
　　　二房健康較不利 (如圖6-15)。

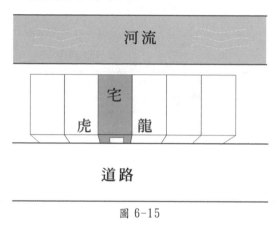

圖 6-15

十四、龍邊無靠左側又逢路沖，應長男死於外鄉或意
　　　外血光，樓上住戶則應生病吃藥 (如圖6-16)。

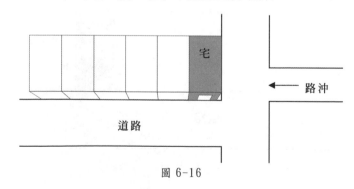

圖 6-16

十五、龍邊空 ( 龍斷 )，地勢近低、遠高，此宅收拜堂水，則父死子發，但必須理氣吉才應驗 ( 如圖 6-17)。

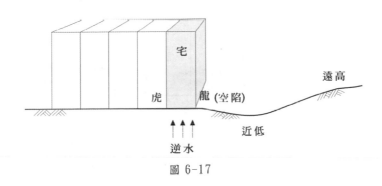

圖 6-17

十六、龍邊短 ( 只有一問 )，虎邊長又虎過堂，只要宅後不空，排行老二 ( 二房 ) 會旺丁 ( 如圖 6-18)。

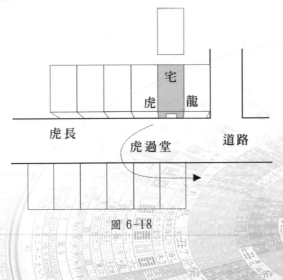

圖 6-18

十七、龍邊長虎邊短，且龍邊高過本宅一兩樓高，虎
　　　邊只有一間，且低於本宅（或無虎邊），這種龍
　　　虎邊格局較不利女主人健康（如圖 6-19）。

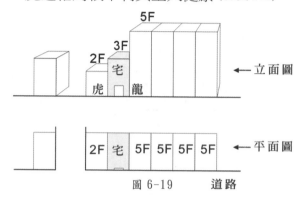

圖 6-19　　　道路

十八、龍邊高壓，隔防火巷，與鄰房不相接，此種外
　　　局不利男人健康，中風也較難復原（如圖 6-20A）；
　　　如在虎邊則不利女人健康（如圖 6-20B）。

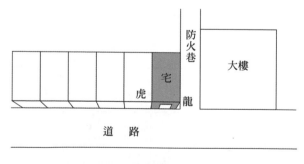

圖 6-20A

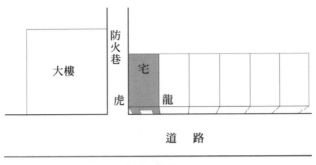

圖 6-20B

十九、龍虎邊逢高壓，即本宅兩旁均有高樓相連，則
　　　宅中主人會想不開鬧自殺，尤其二房更應注意
　　　(如圖6-21A)；若與大樓ㄆ相連，有防火巷隔開，
　　　則宅中主人應中風或發瘋(如圖6-21B)。

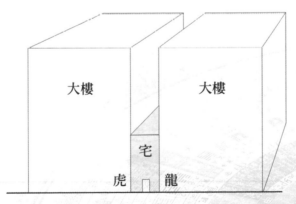

圖 6-21A

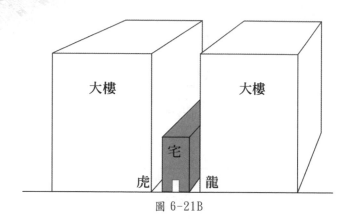

圖 6-21B

二十、整排房屋數若在九戶之內，居中間戶者敗財，但外局若有收到水則可賺錢，但壓力太重，因為要擔兩邊之重擔 ( 如圖 6-22)。

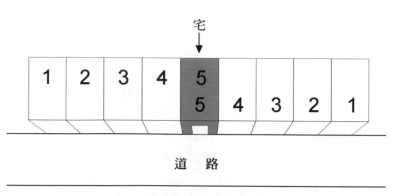

圖 6-22

二十一、屋宅沒有龍虎邊，且高於附近房屋，人會出名
　　　　但事業發展受困，為破財、孤獨之宅（如圖 6-23）。

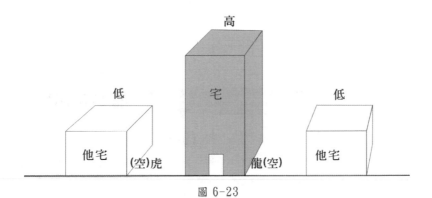

圖 6-23

二十二、龍邊緊臨道路，收逆水可賺錢，但是女人當家
　　　　（如圖 6-24A）；如果是順水則論龍水拖出 (18667)（如
　　　　圖 6-24B）。

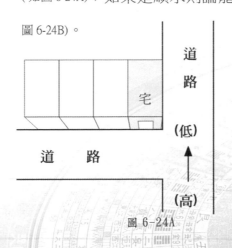

圖 6-24A

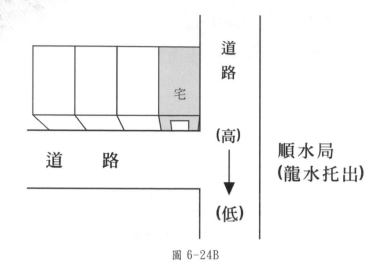

圖 6-24B

# 第三節 明堂形式分析

　　四神獸的朱雀方就是明堂，是屋宅納氣的地方，是
宅主成就與財源的表現，必須平坦空曠才能吸引陽氣來
附著（明堂卦位屬陰），代表妻女、部屬、外人、女人、
行為、心胸、表達、主財富。明堂要配合陽動宜開闊、
明朗，不宜雜亂、阻滯及暗沉，因此明堂宜「動、空」，
才會陰陽相吸，子女才有成就，財源也會廣進。

　　一、明堂寬敞，外局龍邊高虎邊低，龍過堂又有後
　　　　靠，再配合好水局，則有利於事業以及財丁兩
　　　　旺（如圖 6-25）。

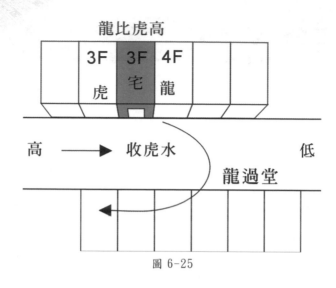

龍比虎高

| | 3F 虎 | 3F 宅 | 4F 龍 | | |

高 ⟶ 收虎水 低

龍過堂

圖 6-25

二、明堂寬敞，堂前水聚天心，有眾水朝堂之局或
　　收拜堂水，倉板田水朝之類的逆水局，再配合
　　後山有靠，此為致富格局 (如圖 6-26)。

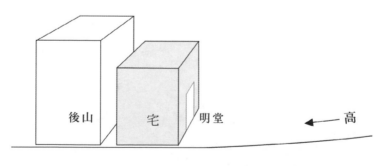

後山　　宅　　明堂　　　　⟵ 高

圖 6-26

【第六章 陽宅外局討論】

三、明堂寬敞，堂前有虎水流過門前，如腰帶繞身環抱，配合龍虎砂有情及後山有靠，則會財丁兩旺 ( 如圖 6-27)。

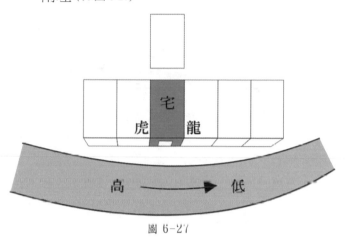

圖 6-27

四、明堂寬敞，外局虎過堂，堂前收拜堂水或水聚天心之局，雖叮賺錢，但女人當家；若虎邊高，虎抱龍且高度高於本宅，則易有女人掌權，夫妻不和或兄弟不和之現象 ( 如圖 6-28)。

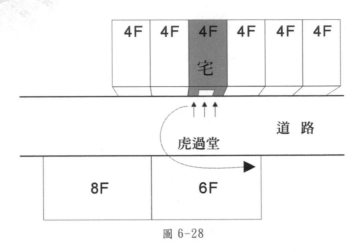

<table>
<tr><td>4F</td><td>4F</td><td>4F<br>宅</td><td>4F</td><td>4F</td><td>4F</td></tr>
</table>

道　路

虎過堂

8F　　　6F

圖 6-28

五、明堂地面落差大，水直瀉，則錢財留不住（如圖
　　6-29A)；若明堂狹窄，且堂前突然有下陷的空地，
　　則容易發生意外事件（如圖 6-29B)。

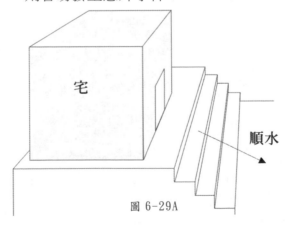

宅

順水

圖 6-29A

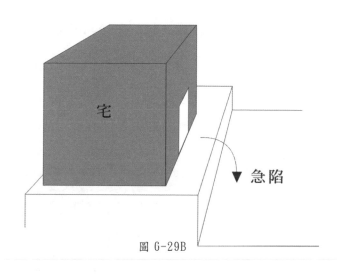

圖 6-29B

六、明堂壓迫，即屋前有山或大樓壓迫，形成奴欺

　　主之勢，則事業上易被人暗害或被倒債。因為

　　「坤土」被壓迫，所以無法生「乾金」(如圖6-30)。

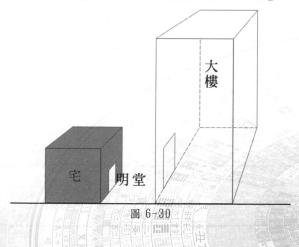

圖 6-30

七、明堂龍砂長、闊、高，虎砂高度略低於龍砂，
　　龍抱虎過堂局，秀麗形勢有情不壓迫，則應人
　　際關係良好，手足同心，家庭和諧 ( 如圖 6-31A )；
　　反之，虎高過龍，虎砂過堂，則兄弟不和，且
　　女人掌權 ( 如圖 6-31B )。

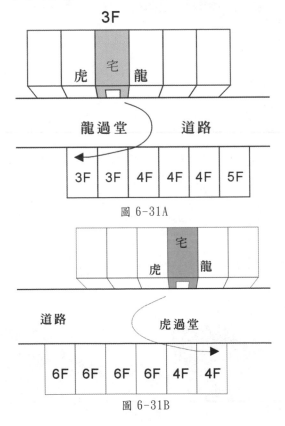

圖 6-31A

圖 6-31B

【第六章　陽宅外局討論】

八、明堂龍高又龍長龍過堂，但形狀呈切面狀（對面有壁刀）或崩狀刀形，則應出流氓（如圖6-32A）；如到明堂屋前呈刀狀切下，且無虎邊，則應男人殺妻或兄殺弟或出流氓之徒（如圖6-32B）。

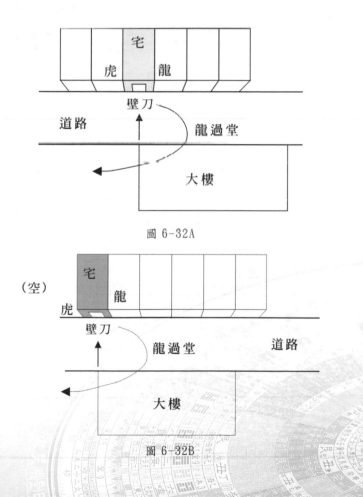

圖 6-32A

圖 6-32B

九、明堂朝山呈金形，但後山低又無靠（奴欺
主），子孫雖可出官貴，但不孝也（如圖6-33）。

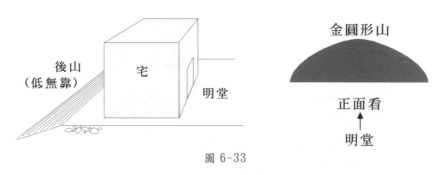

金圓形山

後山
（低無靠）

宅

明堂

正面看

明堂

圖 6-33

十、明堂格局，龍高龍長龍過堂（如圖6-34A），但
內局虎過堂（如圖6-34B），例如三合院圍牆開龍
門，則論在外男做主，在家女人當家。

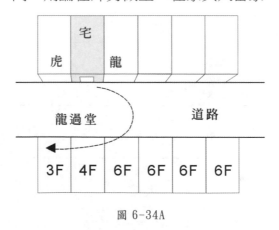

宅

虎

龍

龍過堂

道路

3F  4F  6F  6F  6F  6F

圖 6-34A

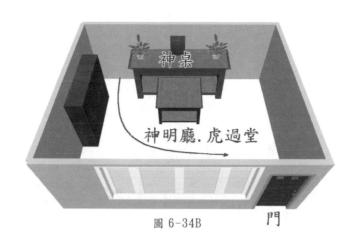

圖 6-34B

十一、明堂外局龍方高人，則有利長房在外出名聲（如
　　　圖6-35A）；若虎方高大，不論是否壓迫，應奴欺
　　　主，女人愛表現或掌權（如圖6-35B）。

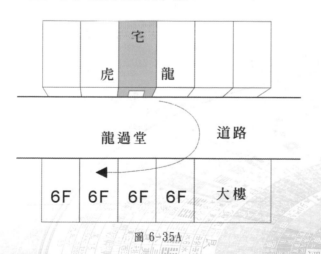

圖 6-35A

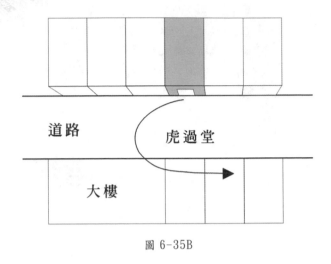

圖 6-35B

十二、明堂山勢逢高壓，形同開門見山碰壁，屋前之
　　　高樓大廈亦同論，如宅後空或低形成後靠無
　　　力，則論奴欺主，主受屬下欺騙，子女不孝，
　　　且易招人剝削，被倒錢，諸事不順 ( 如圖 6-30)。

十三、明堂虎方高，如白虎昂首帶刀，則主開刀、吃
　　　藥 ( 如圖 6-36A)；若虎方高壓，則奴欺主，女人愛
　　　表現及掌權、吃藥 ( 如圖 6-36B)；若白虎回頭，形
　　　如勾拳，搥胸狀，則心痛吃藥，子女忤逆不孝、
　　　兄弟不和且用武力爭財產 ( 如圖 6-36C)。

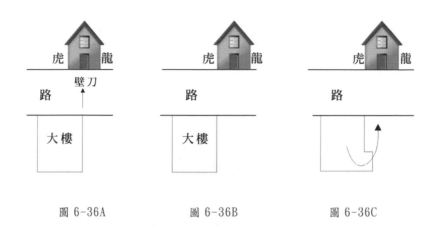

<table>
<tr><td>圖 6-36A</td><td>圖 6-36B</td><td>圖 6-36C</td></tr>
</table>

十四、若虎砂向外屈出反背狀，則子女忤逆不孝，且

離鄉背井不回家鄉（如圖 6-37）。

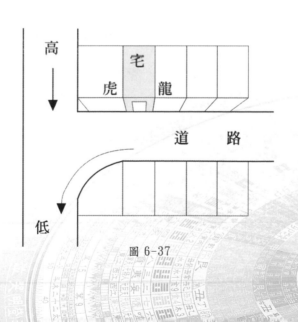

圖 6-37

十五、若虎砂高龍砂低，虎過堂，堂前帶切（壁刀），

則主弟殺兄或妻殺夫（如圖6-38)。

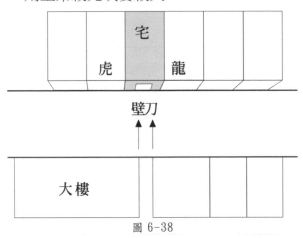

圖 6-38

十六、明堂案外有小山突出，或牆外對面屋頂有高出
部分（如圖6-39A）為探頭屋，剋應為易遭小偷。
若宅本身高度比左右宅高一兩層（如圖6-39B）或
是同一排房舍比別人凸出街心（如圖6-39C），皆
論為探頭屋，易受人注意嫉妒，所以常有遭小
偷等破財事件。

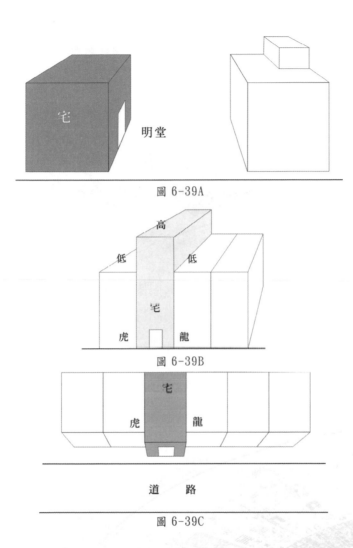

明堂

圖 6-39A

高

低　　低

宅

虎　　龍

圖 6-39B

宅

虎　　　龍

道　　路

圖 6-39C

十七、明堂地面高低不平時，運勢也會起伏無常，居

　　　住人的財運也跟著起伏不定，若是經營生意也

是時好時壞，因為明堂代表財富、財源（如圖 6-40）。

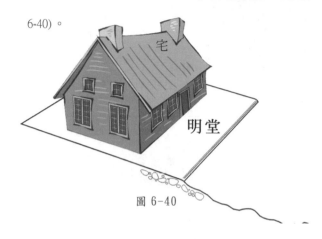

圖 6-40

十八、屋前面對馬路直沖，若路寬大於屋宅可依明堂論，若形勢逆水局再配合理氣，則可大發（如圖 6-41A）；若路寬狹窄筆直之巷道直沖謂之「路箭」，易有意外、血光、災病、事業不順等（如圖 6-41B）。

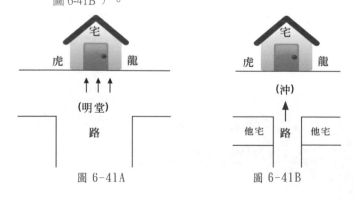

圖 6-41A                圖 6-41B

十九、門前兩側不論左右，若路形狀為彎曲狀，則論
　　　男人桃花（如圖 6-5B）；若呈開放狀，則女人易
　　　有外遇之情事（如圖 6-5C）。

二十、門前面對分叉路，即一出門便對著兩條路以上
　　　的岔路，若路與路之間形成尖銳角煞，則有血
　　　光眼病之災（如圖 6-42A）；若成弧形往外分岔如
　　　掀裙舞袖，則女人有外遇事件，子女易往外發
　　　展（如圖 6-42B）。

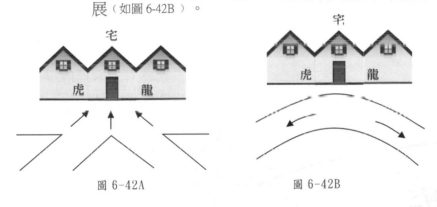

圖 6-42A　　　　　　　　　圖 6-42B

二十一、門前若有大石擋路，則宅中婦女易患心血管疾
　　　　病（如圖 6-43A）；若有小石堆，則宅內家人易得
　　　　呼吸道疾病（如圖 6-43B）。

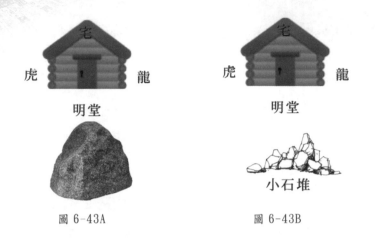

圖 6-43A                    圖 6-43B

二十二、門前面對前面房子成尖角的牆壁，形成「壁煞」

或「尖角煞」，如此明堂視線被遮擋，加上牆

角之尖銳形煞，則易有血光意外，或造成神經

衰弱 ( 如圖 6-44)。

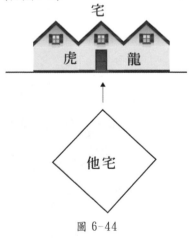

圖 6-44

二十三、門前面對反弓高架橋樑，有如鐮刀腰斬狀，主
　　　　家中不安寧，易有血光之災 ( 如圖 6-45)。

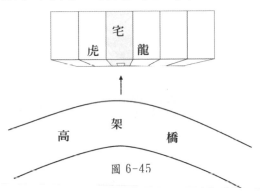

圖 6-45

二十四、屋前有「天斬煞」，易生血光意外事件，若發
　　　　生車禍，皆由前面被撞，如屋前有狹窄之防火
　　　　巷沖，亦同論 ( 如圖 6-46)。

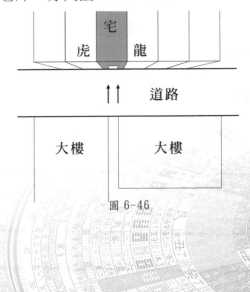

圖 6-46

二十五、屋前面對煙囪，易生心血管疾病，及意外災禍

（如圖 6-47)。

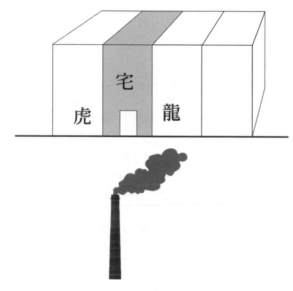

圖 6-47

【第六章 陽宅外局討論】

一般吉祥住宅，要有寬敞明堂與龍虎砂有情，以及圓滿之後靠來配合；若宅後靠山俊秀，則人丁亦俊秀；若無靠山就好像沒有人事背景一樣，凡事靠自己努力，有如白手起家的企業經營者。

後靠山形，勢呈漸進式高起，則代表子孫一代比一代興旺。若山勢星體呈土形，為財丁兩旺之形局。若山勢星體呈金形，則子孫出官貴，且一代比一代高官，有貴人相助。宅後無靠山，表示較無長輩提拔或無貴人相助，需要白手起家。一般而言，屋後無靠山，其子孫男丁較不旺，且做事不夠積極，決策不果斷。如前方建築物比本宅高出甚多，有如坐立不安，凡事不專心且易被倒債，健康情況也不佳。山勢星體最基本有五種形狀（如圖6-48），即「木直、火尖、土平、金圓、水曲」，星體形勢變化依有情或無情，其論斷也各有不同。

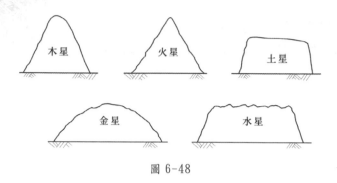

圖 6-48

一、後靠平平後再漸漸高起之星體，依距離遠近，

　　子孫何代開始興旺，論宅運則依距離長短，來

　　論時間多久才開始興旺(以三步為一年計算)(如

　　圖 6-49)。

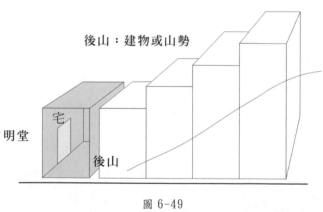

後山：建物或山勢

明堂

宅

後山

圖 6-49

二、後靠先低下後再上升，亦呈星體，則隔代出官

貴，論人丁可能先生下女兒，然後再生男孩（如圖 6-50)。

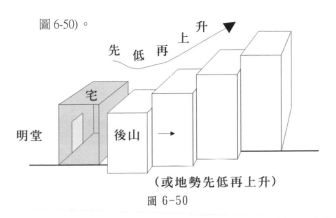

（或地勢先低再上升）

圖 6-50

二、後靠陡然山勢高起，或高樓距離太近宅舍，則形成高壓，則論長輩或自己給自己太大的壓力，身心易造成焦慮症，且子孫個性容易產生急躁性（如圖 6-51)。

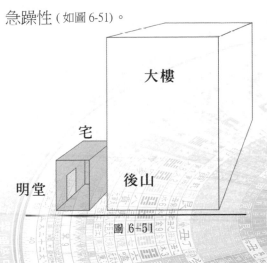

圖 6-51

四、後靠山坡地斜度大於 60 度，形成逼近高壓，易犯焦慮症；如因水土不佳或遇颱風豪雨時，則土石流入屋內造成災害，重則山崩、屋毀、人亡；若山坡地建築石頭牆，則宅主易生痔瘡（如圖 6-52)。

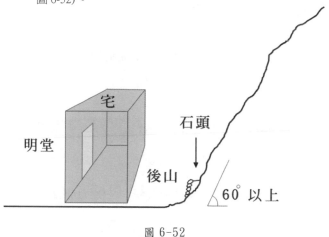

圖 6-52

五、後靠山形勢呈崩壁狀或遠有峻嶺，則子孫易出帶刀不良少年、遊手好閒之徒（如圖 6-53)。

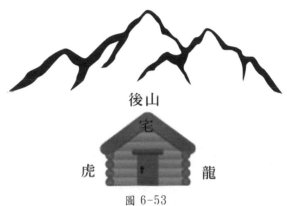

圖 6-53

六、後靠有廟宇或教堂，形同太歲壓頭之勢，子孫
   易出不良少年及血光之災；後靠如為納骨塔，
   陰氣太重不利健康，且無貴人相助（如圖6-54）。

圖 6-54

七、後靠有探頭屋，則子孫會出小偷或偷窺狂（如圖 6-55A）；若虎邊有帶路且外開，則女人帶暗桃花（如圖 6-55B）。

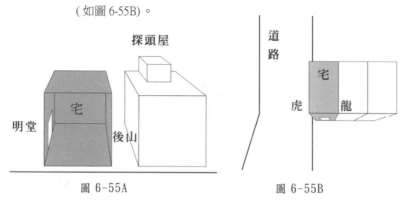

圖 6-55A　　　　　　　　圖 6-55B

八、後靠竹林或樹林茂盛，則代表人丁興旺；如有缺口，則代表某房份人丁有缺陷；若竹林或樹林不茂盛且稀疏，則論該家族人丁不旺或落敗（如圖 6-56)。

虎 　　　　　　　　龍

圖 6-56

八、如後山只靠半棟建築物形成「隔角煞」，應子
　　孫福份不均，且不利人丁，有開刀現象，嚴重
　　者會中風 (如圖 6-57)。

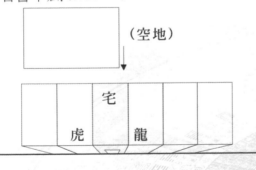

道路

圖 6-57

147

十、後靠兩棟不平行建築物形成「夾角煞」，主應
　　開刀，嚴重者意外、傷丁，若三角形建物所形
　　成銳角，亦同論 (如圖6-58)。

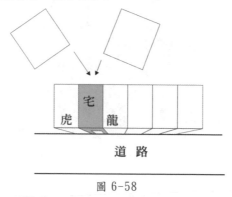

圖 6-58

十一、後靠為屋脊之「三角煞」，依高低論男女或輩
　　　份，防血光之災，若屋脊低，則犯小人，婦人
　　　易流產 (如圖6-59)。

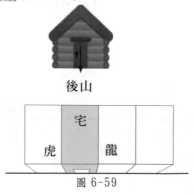

後山

圖 6-59

十二、後靠「天斬煞」，代表暗箭難防，有被倒會、
　　　不利人丁或意外事件，若是發生車禍，一般論
　　　法是後面被撞；如屋後有狹窄之巷路直沖，其
　　　論法也相同（如圖 6-60)。

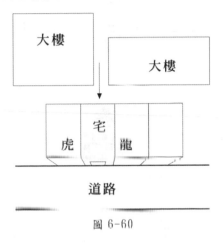

圖 6-60

十三、後靠圍牆三角形，則應開刀，如圍牆空地呈三
　　　角形，亦不利財運，且人丁一代不如一代（如圖
　　　6-61)。

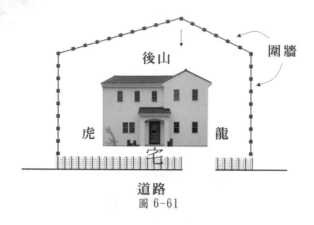

後山

圍牆

虎

龍

宅

道路

圖 6-61

十四、後靠尖塔或瘦長之屋，則無貴人相助，亦無安
　　　全感，且不利孕婦、嬰兒及人丁（如圖6-62）。

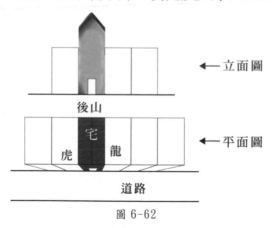

←立面圖

後山

宅

←平面圖

虎　龍

道路

圖 6-62

十五、逢廟宇飛簷沖射或尖銳勾翹之建物沖射，則易
　　　發生意外事件。

十六、後靠有凹形建築不利人丁，尤其中男不利，有破財及被倒債事件 ( 如圖 6-63)。

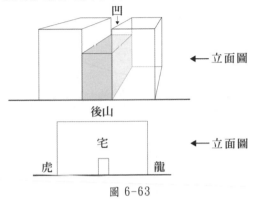

圖 6-63

十七、後靠大樓地下室設有停車場汽車出入，則不利人丁、流產以及被倒會，應以內局改善之 ( 如圖 6-64)。

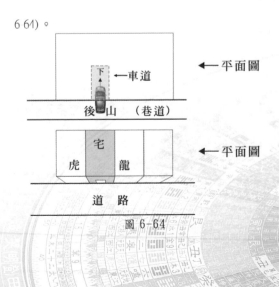

圖 6-64

十八、後靠有高架道路或捷運系統之天橋反弓狀橫
過，則易有精神不安、吃藥、被倒債及血光意
外事件 ( 如圖 6-65)。

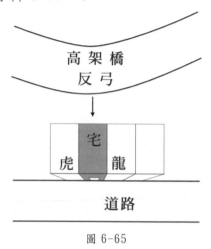

圖 6-65

十九、屋後平地無宅舍，本宅僅一樓高，則可植竹林
或樹林當後靠，尚可平安旺丁 ( 如圖 6-66A、6-66B)。

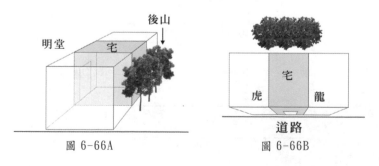

圖 6-66A　　　　　　　圖 6-66B

二十、屋後地勢漸低下之山坡地，表示人丁一代不如一代，錢財守不住（如圖 6-67A）；若地勢下降後再漸漸上升，論財運為先敗後發，東山再起，論子息，則先生女後生男（如 6-67B 圖）。

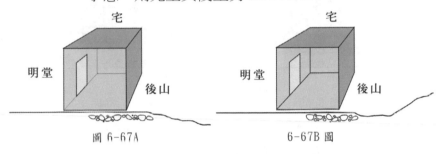

圖 6-67A　　　　　　　　6-67B 圖

二十一、屋後地勢陡然下陷一米高以上，不利人丁易有中風或意外事件，可依下陷之階梯數論若干年後才穩定發展（如圖 6-68）。

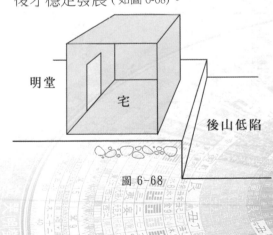

圖 6-68

二十二、 屋後 ( 或房屋四周 ) 陡然下降，如在懸崖邊上，
則財敗、中風或意外事件 ( 如圖 6-69A、圖 6-69B、圖
6-68)。

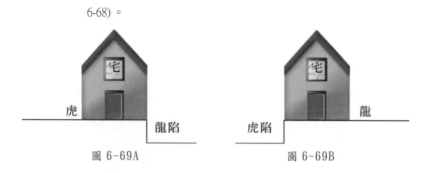

圖 6-69A                圖 6-69B

二十三、 屋後靠近河流邊上，且有翻身跌落河之勢，容
易被倒債、破產及意外事件，損丁 ( 如圖 6-70A、
圖 6-70B)。

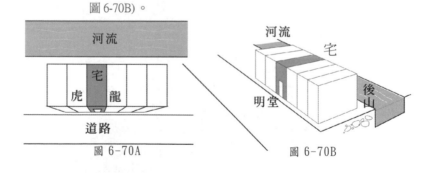

圖 6-70A                圖 6-70B

二十四、 屋後有低窪水池或有水車打水之養魚池，則主
應吃藥，及人丁不旺 ( 如圖 6-71)。

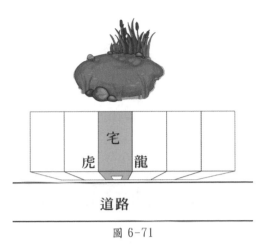

圖 6-71

二十五、屋後有湖泊或大海，則不利健康，若理氣失運，

則不利財運，且女人有暗桃花（如圖 6-72）。

圖 6-72

二十六、屋後有路沖、巷沖或路箭，代表無官貴、易犯小人、不利人丁及財運，比如說被人倒債，若被路箭沖射，則災禍必定難逃 (如圖 6-73)。

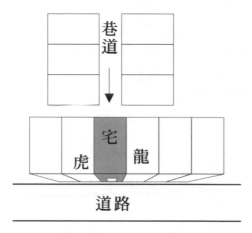

圖 6-73

二十七、屋後有兩棟建築物，形如推車狀，則損丁破財，尤其不利二房人丁 (如圖 6-74)。

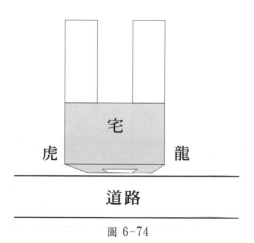

圖 6-74

二十八、 屋後有破舊老房舍，則長輩易受拖累，本宅之
人才能無法發揮，且對長輩健康不利，財運不
佳，易被倒債。

二十九、 屋後庭院之圍牆有爬藤蔓，易遭小人暗算，導
致是非不斷，官司纏身（如圖 6-75A）；若屋後
有彎路，則男人犯桃花，且易被女性糾纏（如圖
6-75B)。

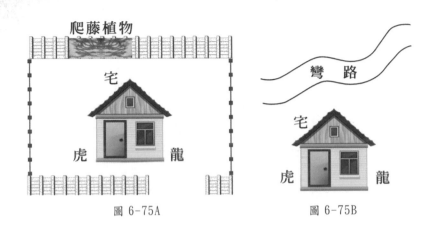

圖 6-75A                           圖 6-75B

三十、屋後有人家遮雨棚高懸且延伸至本宅，下雨
　　　時，雨水或澆花水，潑到本宅屋頂，稱淋背水，
　　　亦稱狼狽水，則註定一生狼狽，貧病交迫（如圖
　　　6-76)。

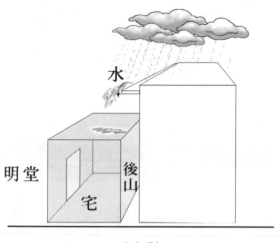

圖 6-76

　　以上本章各節所述，為有關屋宅外局「後玄武、前朱雀、左青龍、右白虎」之剋應，如有傷破應調整內局改善之，或以開運物品制煞，可保一家平安。

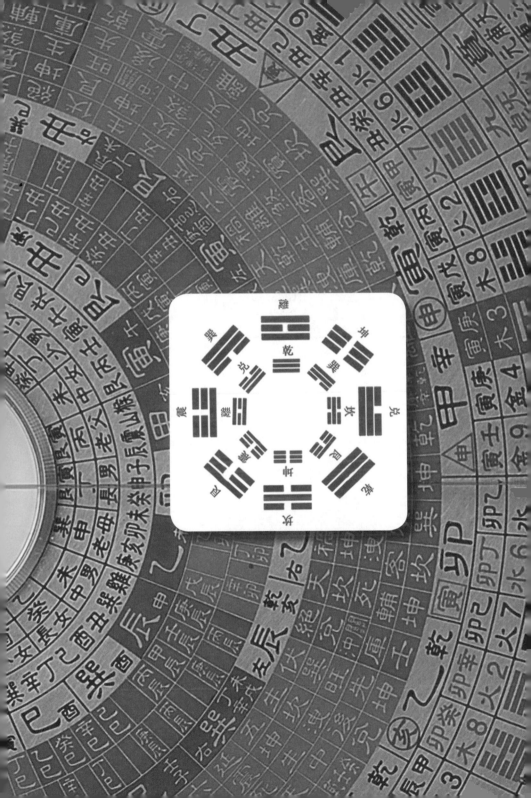

# 陽宅內局討論

外局看陰陽，內局亦是論陰陽，如此才是真風水真地理，並不是外局一套看法，內局又是一套看法，更不是陰宅一套說法，陽宅又是另一套論法。以下為形家陽宅內局討論。

# 第一節 大門

　　形家論大門就如同人的面相，若門面大小適中堅固無毀損，明堂無形煞且龍虎形勢得宜，再配合收逆水局於門前聚氣，大致上來說已是吉祥之門了。

　　大門有外大門及內大門之分，進入客廳的門叫做內大門，圍牆門或公寓大樓供眾人使用的門叫做外大門，本文對直接影響住家的內、外大門均做討論。而客廳的落地窗也算是內大門，因為這裡是我們出入的地方，也是「氣」的出入口。大門應注意事項：

　　一、大門宜往內開以「納氣」之用 (如圖 7-1A)，納氣即納財符合陰陽交媾法則，大門往外開為「推氣」，主退財 (如圖 7-1B)。

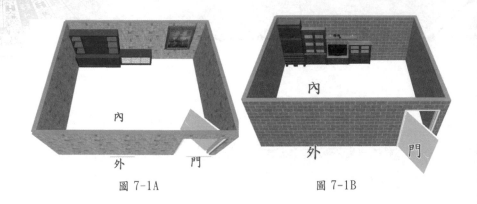

圖 7-1A                    圖 7-1B

二、大門如果是大小不一的子母門，較大的門扇務
　　必設置在龍邊，龍強虎弱主夫妻恩愛家庭和
　　諧，大型家具進出時才增開小門為宜（如圖7-2）。

圖 7-2

三、大門不可做成拱門，以形而論拱形猶如牛擔、
　　枷鎖、墓碑，主辛苦、牢獄之災及壽辰，有實
　　際氣口進出才論（如圖 7-3)。

宅

虎　　　　　　　　　龍

圖 7-3

四、所謂兩家門相對，必有一家退，這叫做「鬥門
　　煞」（如圖 7-4 ），宜化解之（如綠色盆栽）。

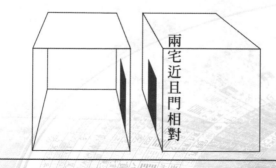

兩宅近且門相對

圖 7-4

五、大門不可正對電梯口（如圖 7-5），主意外、血光
　　及漏財。

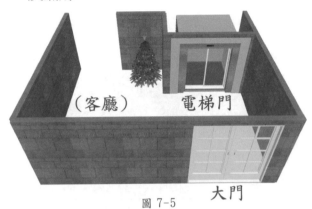

（客廳）　　電梯門

大門

圖 7-5

六、大門正對臥室門（如圖 7-6），容易犯桃花及漏
　　財。

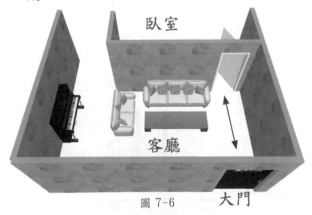

臥室

客廳

大門

圖 7-6

七、大門忌正對破空屋、沖射物、明堂低陷、電線

桿、狹窄巷弄（如圖 7-7A、B ）。

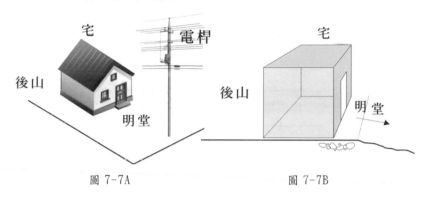

圖 7-7A　　　　　　　　　　圖 7-7B

八、大門不可被壁刀切到，主血光、意外、破財（如

圖 7-8)。

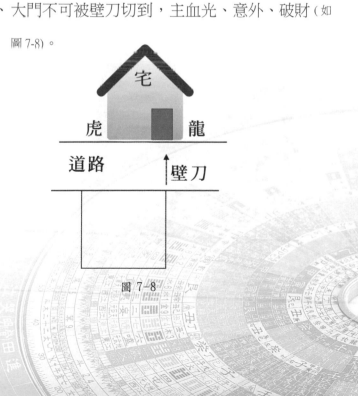

圖 7-8

167

九、大門不可正對地下車道（如圖 7-9），剋應現象與
　　正對電梯口相同。

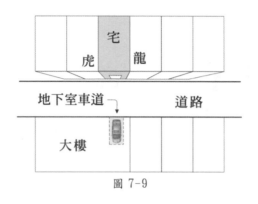

圖 7-9

十、外大門、內大門、房間門及後門不可以成直
線，此為「穿心煞」，應以屏風化解之，屏風高度應施作至天花板（如圖 7-10）。

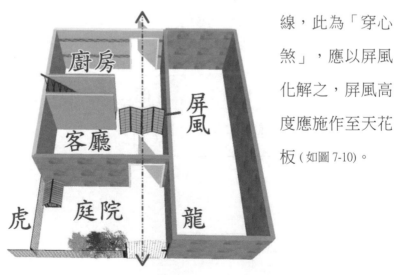

圖 7-10

十一、大門之尺寸應合乎文公尺之「財」、「本」為
　　　佳，文公尺之量法以門框淨寬(實內)為標準，
　　　不合乎文公尺者應速改善為要(如圖7-11)。

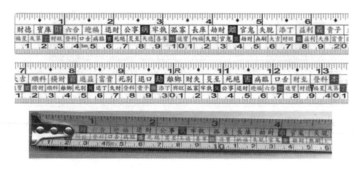

圖 7-11

十二、外大門之方向不可在順水方(如圖7-12A)，否則破
　　　財連連，外大門應在逆水方(如圖7-12B)才能聚
　　　財。

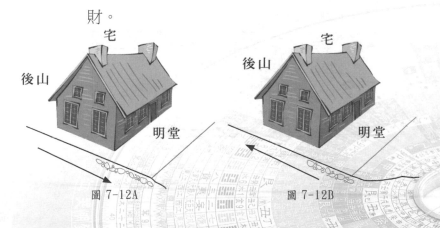

圖 7-12A　　　　　　　　　　圖 7-12B

十三、外大門之立向宜在水頭，所謂收水頭為先收先贏（如圖 7-13A），大門立在水尾則看水（財）流去，家庭開銷大導致無法存錢（如圖 7-13B)。

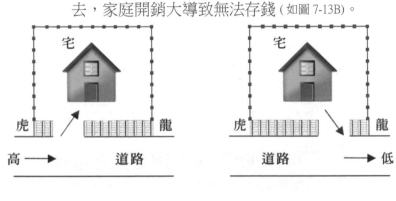

圖 7-13A                    圖 7-13B

十四、屋宅同一牆面開兩處大門，主家庭意見不和，夫妻不同心各自為政，不但氣散而且財進財出（如圖 7-14)。

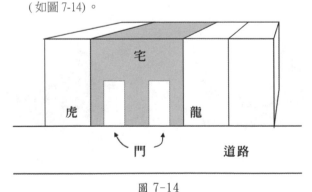

圖 7-14

十五、位於十字路口屋宅之大門，不宜開在截角斜邊
　　　的地方，以形而論大門本身帶剪刀煞，大門對
　　　面形狀有如兩腳打開，主女人開放外桃花（如圖
　　　7-15)。

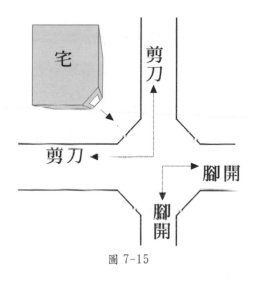

圖 7-15

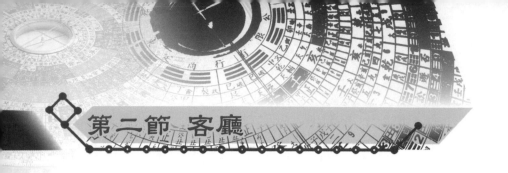

內局之主臥室如同穴場的太極點，客廳就是明堂，像水庫或湖泊，所以陽台宜向逆水方，錢財才會進來，客廳是屋主的外財庫，是男人的事業；飯廳、廚房則是屋主的內財庫，女人的財庫；水口即是大門，大門進進出出，如同河海進水、出水一樣，所以客廳門太大主漏財。

風水書上曰：「山主人丁，水主財」。因此客廳是屋主的外財庫，飯廳則是屋主的內財庫，這兩個地方如果都符合風水聚氣的原則，就是財運好的住宅，如果客廳和飯廳不符合聚財法則的話，那就是財運差的住宅。風水書上又說：「來水口宜大，出水口宜小」，這樣即是風水上聚財之地。所以在陽宅風水學，大門即是水口，怎樣讓進水多於出水，就是改變財運的第一步，譬如在大門和客廳間設立玄關，即是改變出水口的一種辦法，

當然最根本的是客廳，要依照龍、穴、砂、水、向的法則佈局，佈置成一個聚氣的穴場，這樣才是客廳風水的最佳開運方法。

客廳的風水好，代表貴人益友常來，事業工作運自然佳，如果客廳的風水差，代表小人損友常來，事業工作運也差。那麼客廳的佈置要怎麼做呢？答案就是「明廳暗房」，或是「動廳靜房」。客廳要明亮寬暢，主臥房要優雅安靜，有些人常常為了方便，在主臥房擺設電視機、電腦、音響設備等等，這就是違反了風水上臥房要安靜的法則，無形之中對健康和夫妻之間的感情必有傷害。

客廳一定有沙發椅和茶几以及電視等物品，主人坐的位置和客人坐的位置以主人在內、客人在外為基本原則。客廳的格局要「主客相宜」，主要的作用是主人位置以內部房間為靠山，有內部同心協力之象，客人位置在外部，表示客人是有求於我，有以我為尊的誘導力。假若客廳的佈局是「主客易位」，主人的位置在外部、

在動方，客人的位置反而在內部、在靜方，這樣的客廳，會有主人在工作事業上常變動，且事業上有大權被外人掌握的凶象，不可以做這種位置安排。除此之外，還必須注意下列要點：

一、以形家來說大門對角為財位，財位宜明亮乾淨及實牆成直角，否則無法聚氣，造成家庭開銷大且易漏財 (如圖 7-16)。

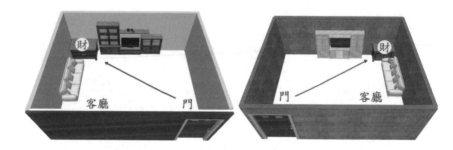

圖 7-16

二、客廳宜設在最明顯的地方，不宜設在屋後，一進門見客廳就是最佳選擇 (如圖 7-17A)；如果進門先經過其他房間才到客廳，此種房子為「退財屋」，財運、家運都會退敗，也不利社交人際關係 (如圖 7-17B)。

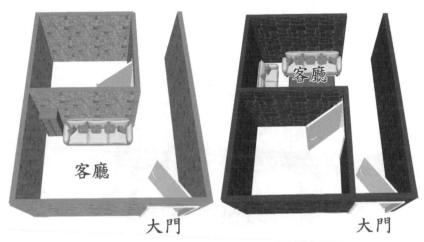

圖 7 17A 　　　　　　　　　　　　圖 7-17B

三、客廳入口處如果看到太多「門或氣口」，不但

　　居家毫無私密性，且主雜事多、口角多、意見

　　多及開銷多，因為「開口」太多之故 (如圖7-18)。

圖 7-18

四、進入客廳忌看到壁刀，會造成心神不寧，家裡
待不住，且容易發生血光、意外（如圖 7-19）。

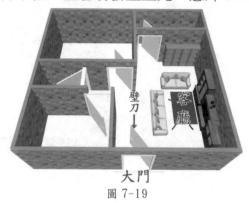

圖 7-19

五、客廳首重機能與動線和其他房間一樣，擺設不
要雜亂無章，需便於走動且保持乾淨，如此才
能心曠神怡，身康體健。因為客廳為內明堂，
雜物多氣滯主財源停滯不豐厚，且客廳為明堂
也宜開闊。

六、客廳面積大小要適中，其面積應略大於臥室，
客廳過大叫做「虛有其表」，客廳過小則納不
到吉祥氣，也收不到財氣，事業及人際關係也
大受影響。

七、客廳沙發的擺設如背著大門，不但沒有安全
感，人際關係也不融洽，更容易引起盜賊的覬
覦及犯小人 (如圖 7-20)。

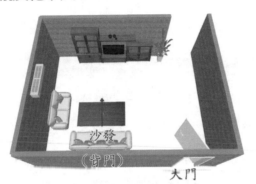

圖 7-20

八、客廳最重要的擺設是沙發，其格局要「龍過堂」
為第一要項，龍過堂代表長幼有序、兄友弟恭、
家庭和諧 (龍為尊虎為卑 )，何謂「龍過堂」(如
圖 7-21)。

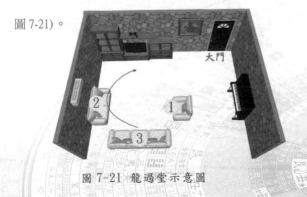

圖 7-21 龍過堂示意圖

九、客廳論龍過堂，應以人多的那張沙發為立極點，如果客廳兼神明廳時，則以神位為立極點。

十、人多的那張主沙發（立極點）要有實牆，後山有靠不受打擾，主思考清晰處事穩健。因為後山為頭、為思維、為貴人（如圖 7-21）。

十一、如果人多的那張主沙發（立極點）後面為陽台落地窗，雖然不是實牆，勉強算有靠，宜加裝不透光窗簾而且不要常開門進出（如圖 7-22）。

落地窗

陽台

圖 7-22

十二、主沙發（立極點）不可直沖大門，若是沖到龍邊，主男人在家待不住，破財犯官司；若是沖到虎邊則論女人（如圖 7-23）。

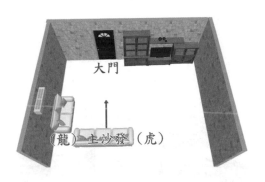

大門

(龍) 主沙發 (虎)

圖 7-23

十三、客廳最忌穿堂風（或稱穿堂煞），即風從大門進
　　　來後一直延伸至後門，中途並無任何阻擋，此
　　　屋無法藏風聚氣，當然不能聚財。沖左傷男人，
　　　沖右則傷女人。（如圖 7-24A、7-24B）

龍　　客廳　　　虎

臥室

圖 7-24A

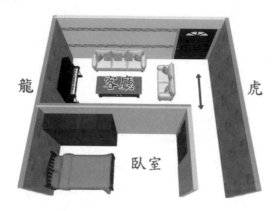

龍　　客廳　　虎

臥室

7-24B

十四、客廳設計不要太狹窄及擁擠，會影響人際關係。
　　　因為客廳代表男人顏面、家庭財源，長寬比例
　　　宜適中，以接近正方形為佳。

十五、門有內外之分，外門大、內門小，主大財入小
　　　財出；反之，外門小、內門大，則為揮霍無度，
　　　門大可用盆栽或櫃子阻擋使之變小。

十六、客廳不要放置有不祥、邪惡的鬼臉，以及刀箭、
　　　利刃、假花、獸頭、虎頭、象牙等動物器官和
　　　標本，假以時日後導致問題叢生。

# 第三節 臥房

　　在生活上，客廳是全家共同活動的地方，也是招待客人的場所，所以客廳要寬敞明亮；主臥房是個人私密空間，也是夫妻貼身的相處房間，所以主臥房要優雅安靜。因此在風水學上主張「明廳暗房」或「動廳靜房」，其實臥房和客廳的關係，還有「廳是客，房是主」以及「廳是陽（男），房是陰（女）」。

　　風水學有男左女右之說，這個傳統的理論，恰好跟最新進的大腦生理學，左腦是數理知性腦，右腦是情境感性腦不謀而合。因此，我們可以說住宅的右邊，適合文藝者住，住宅的左邊適合科技理工人才來住。

　　我國的傳統是「男主外（動），女主內（靜）」還有「男左女右」以及「廳是陽動（男），房是陰靜（女）」的基本設定。因此，住宅「廳左房右」，是符合廳動態在左（男），房靜態在右（女）的設計，稱之為陰陽得

位的住宅，是傳統男主外、女主內的風水住宅。

什麼樣的住宅是男方掌權（財）？什麼樣的住宅是女方掌（財）？須將風水學的法則，依「山主人丁，水主財」、「男左女右」、「廳是陽，房是陰」……等等加以組合運用，這也是風水開運法的祕傳之一。一般都是廳（男）在前面，房（女）在後面的標準模式，廳在前、房在後是男主外、女主內的模式；廳在後、房在前是女主外、男主內的型態。還有就是房間在靠近馬路街道的人，個性會比較活潑外向，房間在內部遠離街道馬路的人，個性會比較安靜內向。父母就可以運用這種風水法則，來調整子女的個性，讓太活潑的子女住較內部的房間，或者是讓太安靜的子女，去住較靠近街道馬路的房間。

## 現代住宅將主臥設計在角位上，有兩大缺點：

**第一：**主臥在角位的住宅，不容易升官反而容易耗財，且工作常變動不穩定。中位才是主位，角位是輔佐的位置代表副手，主臥在副手的位置，自然不容易升官，

並且角位是驛馬位，所以逢流年衝擊時，就會變動或奔波操勞。又因為角位的主臥，不是有龍無虎，就是有虎無龍，不能完全保護主臥，逢流年衝擊時，就會有破財或被小人攻擊的事情。

　　第二：主臥在角位，若是有龍無虎（主臥左邊有房間，右邊是空的），在夫妻關係上會有男方比較強勢。至於主臥在角位上，若是有虎無龍（主臥右邊有房間，左邊是空的），在夫妻關係上，會有女方比較強勢的現象。主臥內的床就是太極點，床兩側的空間是龍虎砂，床的前方是朱雀，床的後方是玄武，當然主臥的房門就是水口。

## 臥室設計準則：

　　一、臥室應有主、客（或稱主、次）之分，主臥室應在後方，因為玄武為主後山為長輩；反之，容易造成長幼不分，小孩子難以管教，這是新建築設計所忽略的（如圖7-25）。

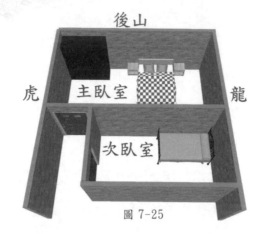

圖 7-25

二、臥室不要與其他門相對，與大門相對主財不
　　聚，與其他臥室門相對容易產生口角爭執，與
　　廁所、廚房門相對影響健康，應以屏風轉氣或
　　掛不透光長布簾。

三、臥室不可開兩門，易生口舌是非，但其中一門
　　只到陽台則不忌（如圖 7-26 ）。

圖 7-26

四、床頭不可背門，宜掌握全房動靜為佳，否則易
招小人（如圖 7-27 ）。

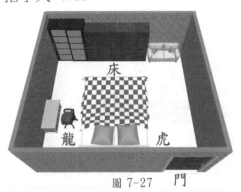

圖 7-27

五、床鋪上方不宜有懸掛物，心理會不安寧，睡覺
會不安穩。

六、床頭後方不宜開窗，會感到不安，造成精神不
濟，容易失眠，身體不舒適，易犯小人，如窗
後為巷道或馬路則更嚴重（如圖 7-28 ）。

圖 7-28

七、床頭不可懸空，應緊靠牆壁，謂之靠岸，也就
是後山有靠、玄武有靠（如圖 7-29）。

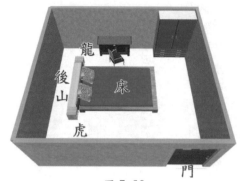

圖 7-29

八、床舖左邊曰青龍，右邊為白虎，虎邊應留通道
而且要比龍邊寬，才不會逼虎傷人（如圖 7-30）。

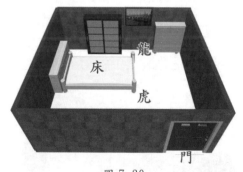

圖 7-30

九、臥室面積若不夠大，床舖可安置逼龍（如圖示）
，如為夫妻床，男人應睡在靠牆壁位置，如此
合乎古諺「男可跨女，女不可跨男」，但重要
的是龍邊屬男性也代表事業（如圖7-31）。

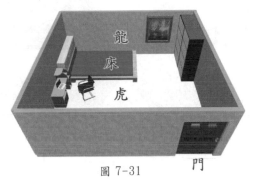

圖 7-31

十、床舖之擺設宜龍過堂為優先考量，主夫妻感情
穩定（如圖7-32A）；若是虎過堂，則男人喜歡往
外跑（如圖7-32B）。

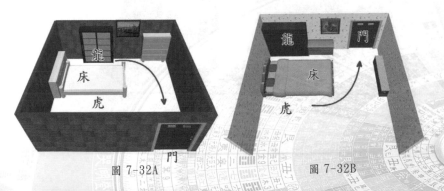

圖 7-32A　　　　　　　　圖 7-32B

十一、床舖不要對到臥室門、衣櫃角、牆角，對到哪裡就沖到哪裡，那麼病痛就產生了（如圖7-33A、圖7-33B）。

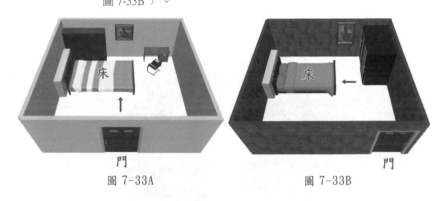

圖 7-33A                              圖 7-33B

十二、主臥室不可另有暗房，會應驗「房中有房，另有二房」（如圖7-34）。

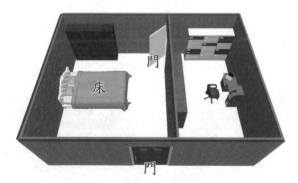

圖 7-34

十三、 圓形床舖不宜採用，不但睡不安穩，也會財來
　　　 財去。

十四、 臥室最忌與廁所門對沖（如圖 7-35 ），對沖時論
　　　 疾病，輕者痠痛吃藥，重者會有腫瘤產生的可
　　　 能，應以屏風轉氣或掛不透光長布簾。

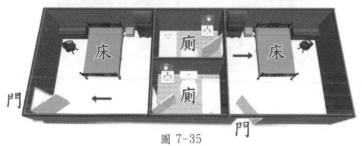

圖 7-35

十五、 人睡在床舖時，腳部不要直接沖到臥室門，否
　　　 則會不安於室且易犯桃花，喜歡往外跑（如圖
　　　 7-36 ）。

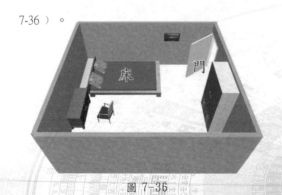

圖 7-36

十六、 床頭與化妝台忌正對落地窗，應女主人常往外
　　　跑及錢財保不住（如圖 7-37 ）。

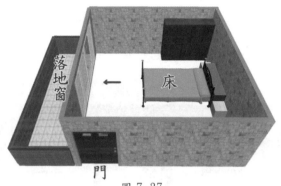

圖 7-37

十七、 臥室空間大小宜適中不得大於客廳，主為人自
　　　私，臥室太寬闊也應財不聚。

十八、 小孩床舖忌使用上下舖，睡上舖者爬上爬下會
　　　有安全顧慮，睡下舖者因視覺的關係，久而久
　　　之造成心胸不開朗。

十九、 臥室不宜全面開窗戶（尤其是玻璃帷幕牆），應
　　　設計陽台做為緩衝，家具不但難擺設，也較無
　　　私密性，雖然可用窗帘阻隔，卻也不夠實在。

二十、 臥室不可設在地下室，因地下為陰、陽光不滿，

不利身體健康，易得風濕關節疾病；心理上易造成憂鬱症，運勢也容易受到阻礙。

二十一、臥室之床舖若緊靠廚房爐灶的牆壁，易心浮氣躁、生皮膚病（如圖 7-38 ）。

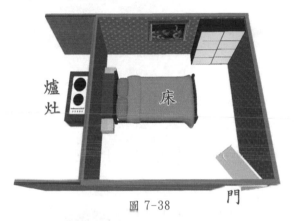

圖 7-38

二十二、床頭上方不可以有壓樑（如圖 7-39 ），心理容易產生壓力，壓到頭部主頭疾，壓到腳部主腳疾，壓到腹部則主不孕或容易流產，可以天花板裝潢修飾即可。

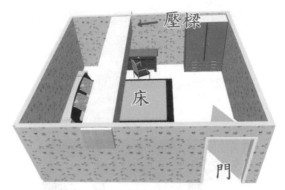

圖 7-39

二十三、床位不可標新立異斜放房間(如圖7-40)造成剪刀
　　　　煞,主意外、血光、開刀、犯小人,後山為頭、
　　　　為思想,龍邊為男人、為事業。

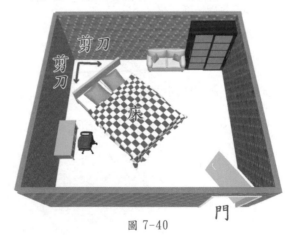

圖 7-40

　　為人父母者總期盼「望子成龍、望女成鳳」，而書房是孩子在家讀書的地方，讀書宜安靜不宜吵雜，所以書房不宜有電視、電話、音響等設備，又如客廳、廚房等非個人使用之空間皆為動處，宜遠離才會專心讀書。書房（或書桌）若能在高處會比低處好，可以說是高人一等或解釋為出人頭地，因此也可以把地板稍微墊高於其他房間。

　　前為動，後為靜，所以就讀的科系如果是與人接觸的學科宜在前方，若是以研究學理為主的學科宜在後面，所以當一個人說他老是讀書靜不下來時，在同一書房就算轉 360 度也沒有用，須知其房間位置可能擺錯了，如同一個人常說睡眠不好時，就可能是房間在前半段，若是換房間再配合龍過堂兼收納吉氣就可改善，又如現下的宅男、宅女即有可能是房間在後半段，而父母的房間

在前半段的緣故了。

　　在形家的理論中，書房與辦公室是相提並論的，其佈局方法是一模一樣，書桌（辦公桌）的擺設原則如下：

一、書桌擺設的第一原則是後玄武要有靠，也就是說座椅後要有實牆可依靠，左青龍次之。有後靠就有安全感，精神容易集中，因為玄武主思想、智慧、貴人（如圖 7-41）。

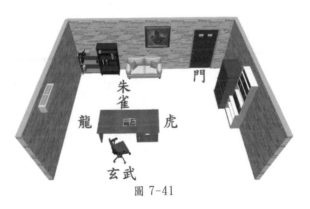

圖 7-41

二、書桌（辦公桌）最好也要龍過堂（如圖 7-42），如此才能精神集中，思維清新，處事或讀書都能事半功倍。

圖 7-42

三、書桌(辦公桌)不能正沖到門,因為思緒容易
被干擾而中斷(如圖 7-43A);書桌也不宜背對房門,
主心神不寧及犯小人(如圖 7-43B)。

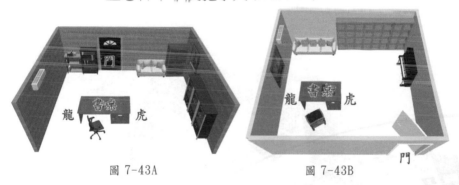

圖 7-43A                    圖 7-43B

四、書桌(辦公桌)忌「面壁」,此為明堂壓迫,
讀書效果事倍功半,辦公桌同論(如圖 7-44)。

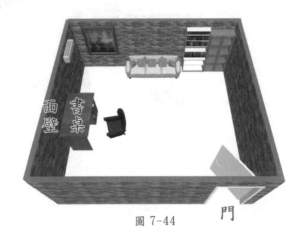

圖 7-44

五、書桌位置之後靠不可在牆角處形成剪刀煞，容
　　易腰痠背痛及聽力問題。(如圖 7-45)

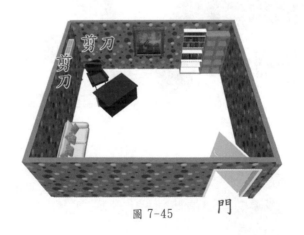

圖 7-45

六、書桌上擺設要整齊，也不能放置太多物品，因為精神不易集中，會影響判斷。

七、書桌上不要放置太多玩偶、公仔及人像，注意力無法集中，且易犯小人。

八、書桌應避開各種沖煞，如壁刀、牆角、走道……等等。

九、書桌四周不要逼窄擁擠，桌上也要保持整潔乾淨，因為桌上亂，心情也跟著亂。

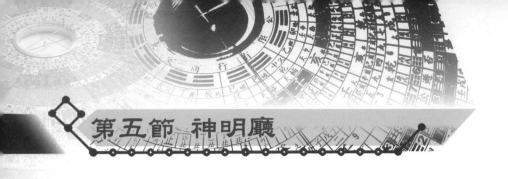

任何房間只要有吉祥方位即可安置神明，安置神明後稱為神明廳。神明廳宜在明亮處，神明位置宜高不宜低，明堂必須開闊了孫才會有光明前途，如果神明、祖先面壁或神位明堂太逼，則子孫事業前途必受阻。神位宜靜不宜動，不可設在電視旁邊或左右為走道。

## 神位安置注意事項：

一、安置神位宜與屋同向，如果屋前形煞太多，可選擇其他實牆，但不宜太逼近對面牆壁，否則就如上述造成子孫事業前途受阻。神位安置如果與屋不同向時，神位應朝向地勢較高處安置才會納財(逆水局)，因為水代表財。

二、神桌擺設宜龍過堂靠近龍邊牆壁，不宜緊靠虎邊牆壁，太靠近虎邊形成逼虎格局，更不宜虎

過堂，女人會較強勢，但也較會有病痛。(如圖
7-46A、圖 7-46B)

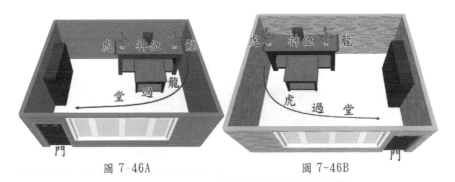

圖 7-46A　　　　　　圖 7-46B

三、神位無靠山 (後面無實牆或不牢靠)，表示長
　　輩助力不夠，沒有貴人提攜，決策不果斷，經
　　商容易失敗，且應財空或漏財 (如圖 7-47)。

圖 7-47

四、安奉神位之立向應避開下列形煞：壁刀煞、天
　　斬煞、屋角、電線桿、高壓電塔、煙囪、路

沖……等等。

五、神位無龍邊 ( 龍斷 ) 有虎邊，表示家中男人待
　　不住，如為逆水局表出外賺錢，但開銷也較大；
　　如為順水局則應漏財及影響健康 ( 如圖 7-48)。

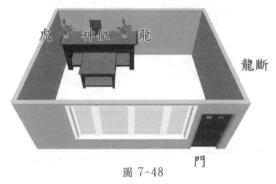

圖 7-48

六、神位忌「龍水拖出」，主身體虛弱又敗財，應
　　以屏風 ( 至頂 ) 改善之 ( 如圖 7-49)。

圖 7-49

　【第七章　陽宅內局討論】

七、神位之立向與屋向相反時，應家中意見常常不
　　合，為人也較冷漠 ( 如圖 7-50)。

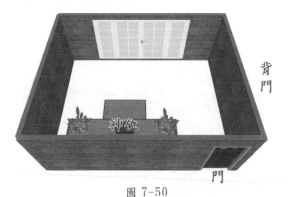

圖 7-50

八、以形家論神位，神桌宜往龍邊緊靠形成鎖龍格
　　局，主得貴人幫助扶持，事業守成穩健財源無
　　虞，家中小孩有規矩不亂跑 ( 如圖 7-51)。

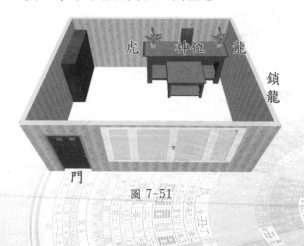

圖 7-51

九、神位下方任何物品，會影響家人下半身健康，
　　如腳易痠痛或行動不方便。

十、神位忌正對壁刀、屋角，主應血光之災，如為
　　尖角則會傷到眼睛（如圖 7-52)。

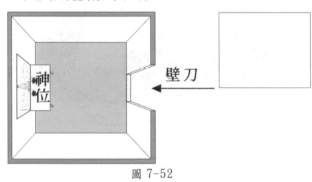

圖 7-52

十一、神位面對之道路、河流呈外八分開形狀，應家
　　　中女人有桃花事件。如果
　　　又是順水局則看財流去（如
　　　圖 7-53)。（俗稱 18667)

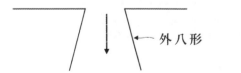

←── 外八形

圖 7-53

十二、神位忌面對高架橋，有如鐮刀腰斬狀，應血光
　　　之災不聚財，面對剪刀煞亦同論（如圖 7-54）。

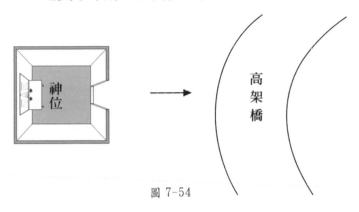

圖 7-54

十三、神位前方之「明堂」不要太窄、太逼且要清淨，
　　　也不可堆放雜物，神桌下方亦同。

十四、神位或祖先牌位之後方，不要對到直楹條，如
　　　對到會產生脊椎骨不良，或腰痠背痛。

十五、香爐之材質宜採取陶瓷材料為佳，因為「土生
　　　金」之故。

十六、神明爐為「進財爐」屬陽，宜九分滿，比祖先
　　　爐稍大、稍前面；祖先爐為「出財爐」屬陰，
　　　香灰八分滿即可。祖先爐既為「出財爐」，所

203

以香灰不宜掉滿桌，代表漏財且不會節儉。

十七、安神明爐時要旺爐，因為進財要旺；祖先爐不可旺爐，因為出財不宜旺。旺爐要用壽金一張一張燒（金箔要拿掉），直到摸起來溫溫的即可。

十八、香灰太滿或清爐時不可以用倒的，宜用湯匙舀起，再用舊香支（香腳）稍作整理，香灰不要壓平，否則賺錢辛苦。

十九、神位不可正對冰箱及冷氣直吹，為五行相剋，影響身體健康。

二十、神桌若有抽屜，裡面禁放刀子、鋸子、鐵鎚、剪刀等修理工具，主血光之災。

二十一、安神位以「公媽」為主神，外來神佛為客，新安神位時應連續三日香火不斷。

二十二、安神位忌正對室內走道沖射，及屋外巷、道之路沖，應官頌是非（如圖 7-55A、7-55B）。

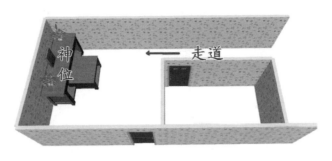

圖 7-55A

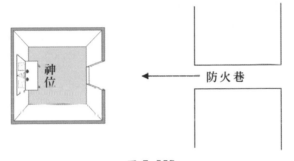

防火巷

圖 7-55B

二十三、 家中安神位，不可只安祖先牌位，要同時安奉
神佛方妥，如此才能陰陽調和。

二十四、 神位忌正對冷氣、冰箱、電視、除濕機、沙發
等家具。

二十五、 神桌擺設宜「龍過堂」，可以改善不佳的內局。

有關神位安置之「立向、納氣」，陽宅理氣書

另有敘述。

**安神位準備用品：**

一、鮮花一對。

二、三牲。

三、菜頭一對 ( 圈紅紙 )。

四、神明用三碗紅色湯圓，公媽用一鍋湯圓

　　( 約兩斤 )。

五、發粿三個，紅龜粿三個。

六、米酒。

七、水果一盤。

八、蠟燭一對。

九、三天香火不斷。

在傳統上是男主外、女主內，所以客廳的大小、好壞、明暗等，可看丈夫的事業工作好壞，客廳為明堂之意也可為外財庫之意，所以一般客廳都會在宅之前面。而「官要露，財要藏」，所以客廳要寬大明亮，而財要藏就是在說代表內財的廚房要在宅之後段，所以除非做小吃生意的店舖，否則飯廳在前之住宅即是露財，就曾財一入口袋，馬上會有入不敷出的現象，若是冰箱在客廳可見到那就更嚴重了，妻子也會常往外跑，故飯廳廚房宜在宅之後段，而廚房、飯廳為內財庫，所以妻子若想幫老公存得住錢財，就要讓廚房、飯廳有一個乾淨明亮的空間。

廚房主女人的健康，又是全家人飲食健康之所繫，有了健健康康的身體才能出外打拼賺錢，所謂「健康就是財富」就是這個道理，所以廚房設備的規劃設計是不

容忽視的。廚房應以爐灶為太極點，其四勢仍應後山、龍邊都有靠，形勢以「龍過堂」為最高原則。

除了上述以外，還要注意下列各點：

一、廚房位置不宜設在大門旁，只要一進門看到廚房就想到吃，久而久之，除了身體發胖外，還會養成好吃懶做的習慣，且易得腸胃病。廚房既為內財庫，錢財當然不能露白，如設在大門旁主財來財去不易聚財。

二、廚房位置不宜設在宅之中宮，不僅空氣不流通，也沒有安全感，剋應身體，家中成員之心臟易出問題，俗稱「火燒心」。（因為心屬火）

三、廚房位置不宜設在屋外，應家中男人容易有桃花事件，即有另起爐灶之剋應。

四、廚房之瓦斯爐不宜設在化糞池上方，家中成員易患腸胃病、皮膚病及泌尿系統易出問題。

五、廚房之瓦斯爐不宜設在排水溝上方，主財來財去及應消化系統等疾病。

六、廚房之瓦斯爐與屋向相反時，應家中意見常常
　　不合，及不聚財。

七、瓦斯爐不宜正對水缸或冰箱，應心血管毛病。
　　(水火相沖)

八、瓦斯爐正面對到樓梯，樓梯往上主家中男生出
　　流氓，樓梯往下主家中女生出太妹(高論男低
　　論女)。

九、瓦斯爐背面有鋸齒狀樓梯，家中成員經常有人
　　牙痛，樓梯往上應上牙痛，樓梯往下則應下牙
　　痛。

十、家中有雙灶(瓦斯爐)，主兄弟不和或夫妻不
　　同心，口舌是非
　　多。

十一、爐灶後面不可開
　　　窗，也不可為走
　　　道，因無靠表示
　　　漏財 (如圖7-56) 。

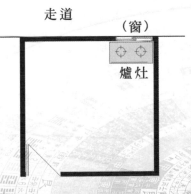

圖 7-56

十二、爐灶不可沖路或走道，主口舌是非多（如圖
7-57）。

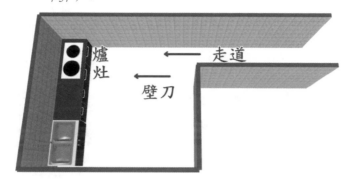

圖 7-57

十三、爐灶前不可有壁刀，主傷心臟（如圖 7-57）。

十四、廚房地勢不宜比其他房間低下，主財庫下降，
也不利家中老人健康；若地勢太高，則家中女
權上升。

十五、廁所設在廚房正後面，主應漏財、痔瘡、便祕、
火氣大。

十六、爐灶安置在剪刀角(銳角)，主家中女性開刀（如
圖 7-58）。

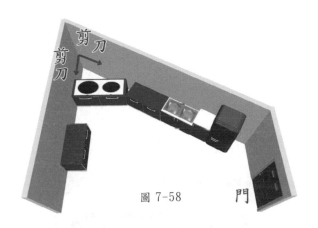

圖 7-58

十七、爐灶正對出入門口及地面排水口，主漏財（如圖 7-59）。

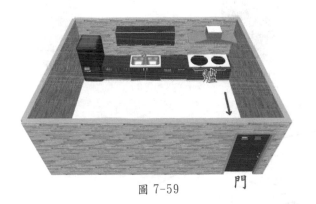

圖 7-59

十八、爐灶口不宜正對馬桶，易漏財、失物及易患泌 尿系統疾病。

十九、爐灶不宜設置在陽台加蓋處，因無後靠及坐

空，主漏財。

二十、爐灶應安置在「藏風聚氣」之處，這也是很合乎科學的，不但安全也可避免瓦斯浪費，即逼龍、龍過堂、吃虎水。以下為形家廚房爐灶擺設標準圖（如圖7-60）：

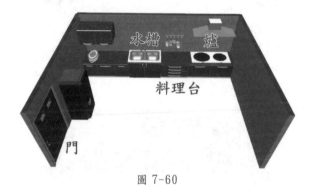

圖 7-60

　　農業社會三合院的廁所都獨立在庭院外的虎邊，現代的建築則將廁所和浴室合併同一間使用，兩者都是清潔身體排放污穢的地方。既然將廁所引進室內，更要注重清潔、衛生、通風良好及排水順暢是必然的。

　　浴室、廁所跟人的泌尿系統有關，因為水主腎，所以床頭後面有廁所主男人性功能障礙或攝護腺疾病（後山主男人），床前被廁門沖主女人子宮長肌瘤或婦女病（明堂主女人）。

## 浴廁注意事項：

一、浴廁應設在屋宅虎邊，尤其是化糞池更要注意，因為排放水如在龍邊，也算另一種形式的「龍水拖出」，先天八卦的龍邊為「坎」為男人，主腎。

二、浴廁位置不宜設在大門旁，只要一進門看到浴廁就想到上廁所，久而久之造成膀胱尿道疾病。

三、浴廁位置不宜設在宅之中宮，不僅空氣不流通，也應腸胃病及心臟病。

四、浴廁位置(化糞池)不宜設在宅之龍邊(龍怕臭)，不利身體健康。

五、浴廁門忌正對大門，應口舌是非、事業不順及不利身體健康。

六、浴廁門忌正對爐灶，影響女人(婦女病)健康。

七、浴廁門忌沖到床，沖到床頭應頭痛、高血壓，沖到床尾應腳痠、腳痛。即依所沖之部位來論病症。

八、浴廁內之水管、水龍頭如有漏水，應及早修復，因漏水主漏財。

九、浴廁門不宜正對冰箱，主應腸胃健康。

十、浴廁門及馬桶不可正沖神明，會犯小人；也不

可正沖灶位，家中主婦不安寧。

十一、浴廁不宜和神明廳相鄰，尤其是安神位這道
　　　牆，家人會容易腰痠背痛，嚴重者造成中風及
　　　事業失敗，因為後山的先天八卦屬「乾」，主
　　　頭、脊椎、思維。

十二、浴廁門及馬桶不可正沖辦公桌或書桌，會造成
　　　思緒不安定。

十三、廁所之馬桶坐向並無方向的限制，只要方便使
　　　用即可。

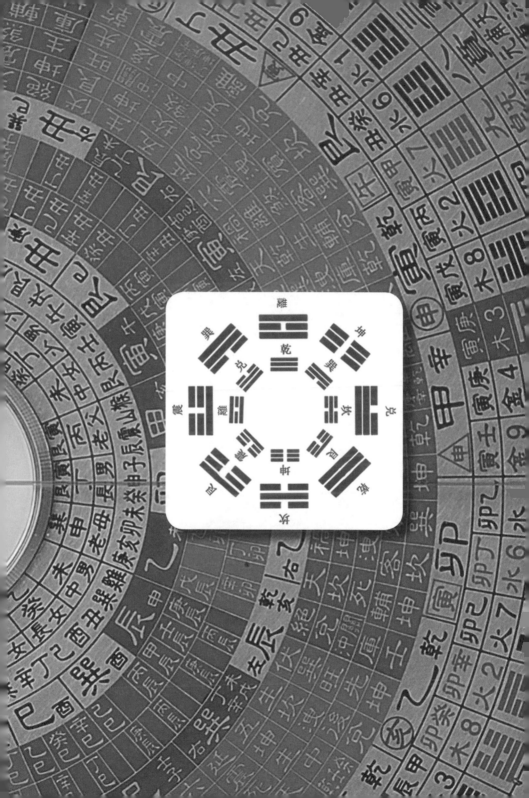

# 第八章

# 陽宅水法討論

形家兩大準則，「得水」爲上而「藏風」次之。水又分眞水、路水、拜堂水……等等，水論財，收得到水才有財，因爲財是養命之源；藏風即是聚氣，氣聚才會平安，一棟房子如果舣做到「得水」及「藏風」，那就是好陽宅了。

　　《鑑水歌》曰：「龍為根本水為用，兩者原來無輕重，尋龍立穴水為先」。《青囊序》也說：「富貴貧賤在水神，水是山家血脈精，山靜水動晝夜定，水主財祿山人丁」。古賢的引述，無非是要求學風水地理的人，應多加注意「水」對陰陽宅影響的因素。

　　水法第一要看明堂，其次再看來水及去水，如果明堂方圓平正，有澄凝團聚之形，無歪斜傾瀉之患，那麼水法就已七八分好了；如果來水綿長而之玄，去水交織而閉鎖，便是十全水法了，所謂「天門開，地戶閉」也就是這個道理。如果來水及去水好，但明堂不佳，此水無法為我所用，反過來，明堂好但來水及去水不好，也是美中不足。總之，來水要環抱有情，不宜直射反背；去水宜緊密關閉，最怕直去無收。

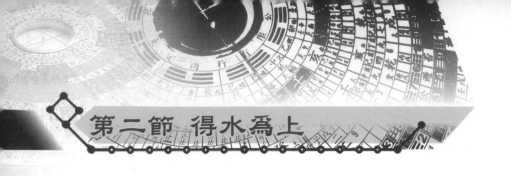

　　形家有兩大祕訣一定要知道，才真的是形家高手，第一為「得水」，其次為「藏風」，而如何「得水、藏風」，就是參考青龍、白虎、明堂、後山的變化原則來論吉凶。

　　古人云：土者氣之母，氣者水之母，土生氣，氣生水，水定吉凶。而水動為陽，宅靜為陰，人動為陽，人居靜宅之內以養精神，是以能得水之陽宅即是陰陽相吸，也是好陽宅好風水的條件，所以才說陽宅的第一要素是得水為上，然後藏風次之。

　　研究形家陽宅的目的就在於得水及藏風，地理若有得水又藏風，那麼好地理的條件就已足夠，再來就是看個人的努力與否了。形家得水之法只是談論陰陽變化而已，宅之來水為動、為陽，房子內縮為陰，再配合開龍門為陽，如此陰陽交媾法則，就是形家「得水」之法。

　　水局如以形態來分，可分為靜態水局及動態水局。

**靜態水局：**天然或人工之湖泊、潭水、水(魚)池或水缸……。

　　**動態水局：**江、河、溪流或水溝……。

　　水局如以吉凶來分，可分為無情水局及有情水局。

　　**無情水局：**指水流順水、反弓、反跳、斜飛、急流直射。

　　**有情水局：**指水流逆水、環抱且流過明堂，有情水局乃形家陽宅所謂的「得水為上」。

　　下圖所示(如圖 8-1)，是藏風聚氣的基本形態，也是「得水為上」的最佳例子，因為面對強勁來水(陽)時，房屋內縮造成明堂(陰)而陰陽交媾，房屋要開龍門，如此青龍就會強，房子本身也一定要有後靠，這樣的話，後山(陽)就穩固了，如此造成陰陽相吸、陰陽交媾法則，「氣」就會聚集，「風」就能藏之，也就能達成「藏風聚氣」的要求了。

# 一、收逆水 (如圖 8-1)

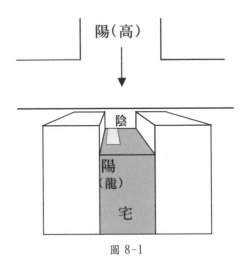

圖 8-1

## 二、收虎水（如圖8-2）

「虎水」也就是正財水，因為虎邊為陰，水動為陽，形成陰陽交媾，如果桌子擺設又呈現「龍過堂」，這就是不可多得的好格局。

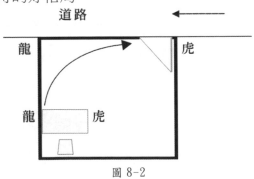

圖 8-2

## 三、收龍水（如圖 8-3）

「龍水」也就是偏財水，因為龍邊為陽，水動也為陽，雖然可得到偏財，但身體也比較容易生病，所以更需要內局的「龍過堂」來調理。

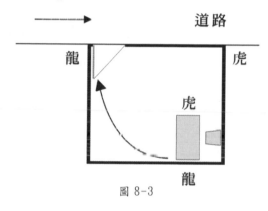

圖 8-3

再一節強調唐朝曾文迪青囊序:「富貴貧賤在水神,水是山家血脈精,山靜水動晝夜定,水主財祿山人丁」。所以,「水局」在陽宅風水中,尤其是論財富方面佔很重要的因素,而形家論水局是以地勢高低、水流方向、水局形勢來論吉凶。

一般而言,水為財,財為養命之源,但並非每個地方都有水,都市街道雖不是「真水」,但「車水馬龍」的動態氣流也視同流水,因此風水學上的「水」是水與路同論,以下為形家各種水局之分析:

一、大會明堂水:如湖泊或潭水形狀呈布袋形,若明堂寬則前途就寬,可蓄財又置產致富(如圖8-4)。

宅

湖泊

圖 8-4

二、曲水朝堂：水流彎曲過堂往屋後隱約而去，彎
　　折多配合明堂寬廣，則財富愈厚（如圖 8-5A）；
　　若流水反向，由前門流出呈順水局，則財富減
　　少、福份也減弱（如圖 8-5B）。大致以來水處寬
　　大去水處窄狹為佳，即所謂的「大門開，地戶
　　閉」。

流

向

明堂

圖 8-5A

流

向

明堂

圖 8-5B

三、眾水朝堂：屋前多處小溪流，納入大河彎曲過
　　堂，再往屋後流去，此水稱之眾水朝堂，為大
　　富貴格局（如圖8-6）。

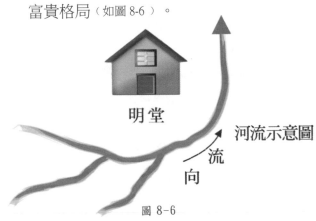

明堂

河流示意圖

流
向

圖 8-6

四、環抱水：也稱為玉帶水，水從左或右流過門前，
　　如腰帶纏身，然後隱約往屋後而去，若明堂寬
　　敞，水由右到左則財富速發且厚（如圖8-7）。若
　　水流為反弓局則反背無情，背信且事業容易失
　　敗。在前方為明財，在後方為暗財。

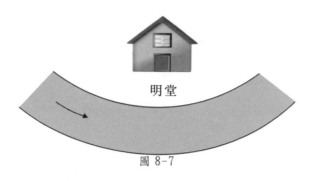

圖 8-7

五、橫過水：水從左或右橫過，有如住家門前馬路
　　橫過一般，若水流大又呈聚水局，且明堂寬敞
　　，加上理氣配合，則可發財致富（如圖8-8）；倘
　　若明堂窄小，則子孫易往外發展。

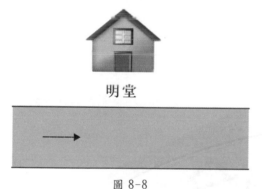

圖 8-8

六、拜堂水(倉板水朝)：地勢屋前微高有層層梯田，
　　若雨水皆向門前滿朝而來，配合明堂寬敞及後
　　靠佳亦可發達致富（如圖8-9）；若門前對面人家

有屋頂水朝拜形如拜堂狀，亦同論。拜堂水在
屋前是正財，在屋後則為偏財。

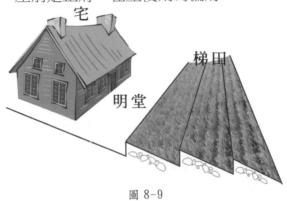

圖 8-9

七、正沖水：直沖屋前之水，若水流寬度大於房子
三倍以上，有如明堂寬敞發財機會也大，道路
亦同論（如圖 8-10A ）；但水流寬度過小，則視為
「路沖」或「路箭」（如圖 8-10B ）。

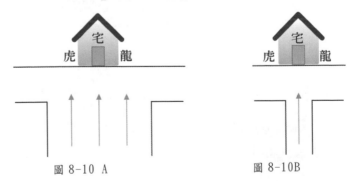

圖 8-10 A                    圖 8-10B

八．後沖水：直沖屋後之水，水從玄武方來，所以又稱為淋頭水，應驗血光、意外、損丁及破財（如圖8-11）。

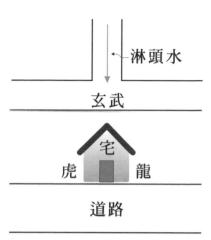

圖 8-11

九、方形水：住宅前面來水呈方型環抱，此水又名土星水，因土生金之故，應驗人際關係良好，事業順利又可發財致富（如圖8-12）。

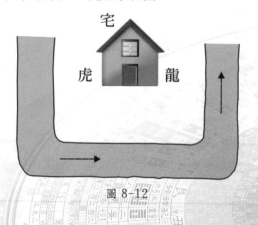

圖 8-12

十、割腳水：住宅四周來水與房屋太靠近，流水寬、急又深，應驗中風、風濕及意外，以卦位而言，割到哪裡傷害就到哪裡（如圖8-13）。

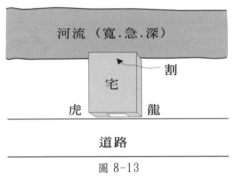

圖 8-13

十一、桃花水：若水流彎曲呈不規則狀並於門前可見，或彎曲狀之道路，則論男人帶桃花（俗稱歪哥路，如圖8-14A）；若水流呈外八字形，則應女人外遇桃花（如圖8-14B）。

圖 8-14A

圖 8-14B

十二、斜飛水：水從屋後而來至門前反跳背出如斜飛
狀，則主無情、背信、有忤逆之親朋且易破財
（如圖8-15）。若斜飛之小河流在房屋左側論傷
男，在右則論傷女。

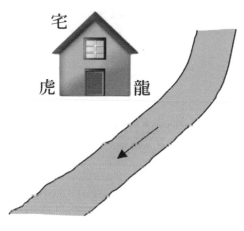

圖 8-15

十三、牽鼻水：即兩水交會於門前，然後直流而出可
見，則洩宅氣、財氣，子女易涉及不良嗜好、
吃藥、嫖賭樣樣來，可說是財、丁兩敗的水局
（如圖8-16）。若流水狹窄如箭，則易有意外事
件。

231

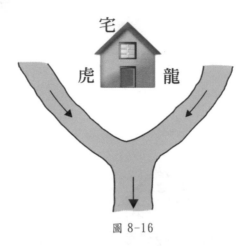

圖 8-16

十四、分叉水：屋前水形如「人」字形分開，各自往
　　　外流出，則家人分散、子女離散、不利財，且
　　　女人有桃花（如圖 8-17）。

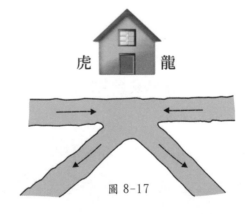

圖 8-17

十五、賊水：房屋左邊有水流出，即「龍水拖出」是

順水局的一種，易遭小偷竊賊光顧（如圖8-18）。

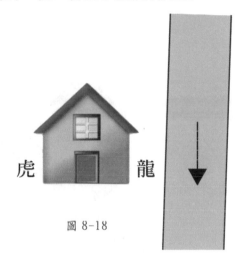

圖 8-18

十六、燒焚（厝）水：賊水與拜堂水會合，容易發生

火災（如圖 8-19）。

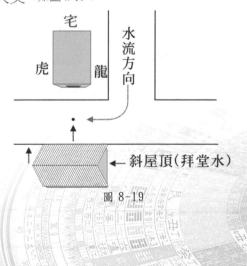

圖 8-19

十七、剪刀水：兩水（路）在屋前交叉呈剪刀狀，分
　　　別往外流出稱為剪刀水，又稱為剪刀煞（如圖
　　　8-20）。

圖 8-20

綜合上述，水局可歸納為下列幾種：

一、順水局

　　遠低近高的水局只適合上班族，不適宜開店做
　　生意，虎邊順水小孩、女人耗財快（如圖8-21A），
　　龍邊順水男人耗財快（如圖8-21B）。

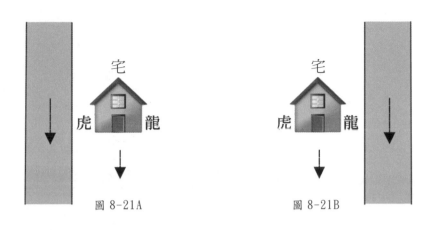

圖 8-21A                    圖 8-21B

## 二、逆水局

遠高近低可開店做生意，財可迎面而來，但忌
前面（明堂）有高壓或龍虎邊有高壓的房屋（如
圖 8-??）。

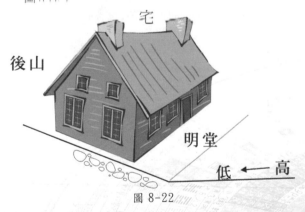

圖 8-22

235

三、橫水局

　　水從左邊（龍邊）流到右邊（虎邊），由男人主導對外事物，比較文身及以智慧賺錢（如圖8-23A）；水由右邊（虎邊）流到左邊（龍邊），由女人主導對外事物，比較武身及以勞力賺錢（如圖8-23B）。

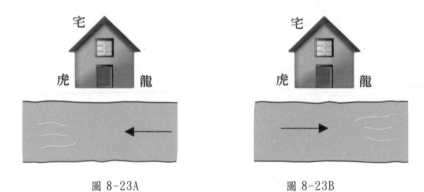

圖 8-23A　　　　　　　　　圖 8-23B

四、斜水局

　　流水方向左斜向右或右斜向左皆有傷破，傷破程度需要再看天門、地戶之關係而定（如圖8-24A、圖8-24B）。

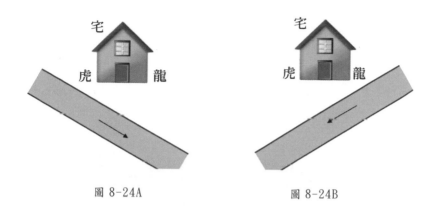

圖 8-24A　　　　　　　　圖 8-24B

五、聚水局

　　屋宅前形成廣場，自宅內縮造成明堂全收，可

為大型百貨商場。

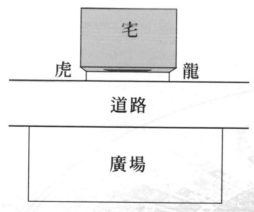

圖 8-25

237

六、無水局

屋宅在無尾巷內,屋宅低又被四面八方的高樓包住成為「雷打丁」局,主傷人丁且財不入宅。

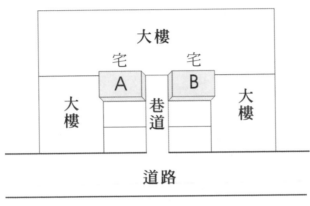

圖 8-26

## 水局之結論

有形水最忌小而急或長而直,大水尚可。無形水(路水)宜直來,有形水宜彎曲而來。有形水直沖屋宅必發凶,有形水神忌沖屋不是意外就是病痛,但有形水較容易去改變,用石敢當或加蓋,只要看不到有形水流即可減輕「沖」之力量。

水不要跟屋宅同一平面,如果是同平面就是「沖」,

若只是看水直流則為無情水，水轉大彎在反弓之處就是聚水，聚水可論賺錢，但不宜水平面沖屋，有形水神應過堂為吉。真水、龍水來要過虎邊才算過堂，水有過堂且聚為吉，水無過堂聚亦無用，也就是形家所謂的藏風「聚氣」。

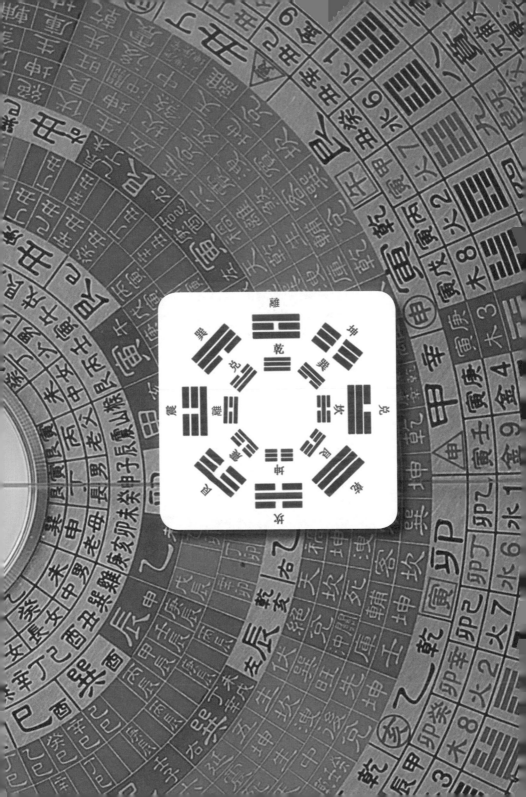

【第九章】

# 形家陰陽總論

在《第三章　形家陽宅之陰陽兩儀》已概略提到陰

陽關係，筆者不厭其煩再引述恩師陳義霖先生對陰陽獨

特的見解。

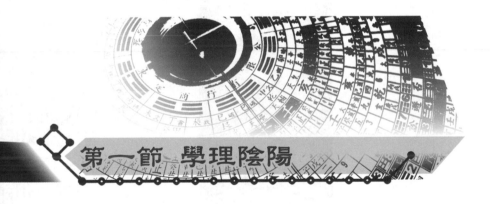

# 第一節　學理陰陽

　　形家陽宅風水之學術理論，是依據太極陰陽之對立、

相對屬性及消長循環之變化，推演出來之一門陽宅風水，

其陰陽對立屬性、人事、地物之關係，如下表所示：

| 屬性 | 陽 | 天、白、正、得、新、明、高、上、大、前、左、推理、理想、創新、能量、領導。 |
|---|---|---|
| | 陰 | 地、黑、反、失、舊、暗、低、下、小、後、右、行動、實際、仿造、重量、管理。 |
| 人事 | 陽 | 男、夫、父、子、兄、姐、長輩、貴人、主人、本地親友。 |
| | 陰 | 女、妻、母、女、弟、妹、晚輩、小人、客人、外地親友。 |
| 地物 | 陽 | 文、固定、靜態、正途、連續、賺錢、本地、團隊研發。 |
| | 陰 | 武、流動、動態、異路、中斷、虧損、外地、分工務實 |

　　形家風水龍虎形勢，可分龍虎邊及龍虎砂手兩種，其中龍虎邊是指住宅或使用點為太極往外看，太極點左邊稱為龍邊，太極點右邊稱為虎邊，太極點其左左之延伸狀況，稱該宅之龍虎邊（龍為陽虎為陰）。而宅外明堂左右及前方山巒或建築物之遠近、高低、大小、長短、及其延伸狀況，稱該宅之龍虎砂手。下表為龍虎陰陽相對之屬性與影響範圍：

| | | |
|---|---|---|
| 時　間<br><br>空　間 | 龍 | 早期、前任、過去、本地、求學、天然、早運。 |
| | 虎 | 晚期、後任、未來、外地、就業、人為、晚運。 |
| 人　事<br><br>關　係 | 龍 | 男、夫、父、子、長輩、雇主、貴人、上一代。 |
| | 虎 | 女、妻、母、女、晚輩、員工、小人、下一代。 |
| 個　性<br><br>思　維 | 龍 | 思維、冷靜、理想、內在、喜思考、先謀後動。 |
| | 虎 | 行動、衝動、實際、外在、重直覺、先動再想。 |
| 職　業<br><br>工　作 | 龍 | 正途、穩定、靜態、文職、合夥、常態性、研發創新。 |
| | 虎 | 異路、流動、動態、武職、獨資、季節性、務實仿造。 |

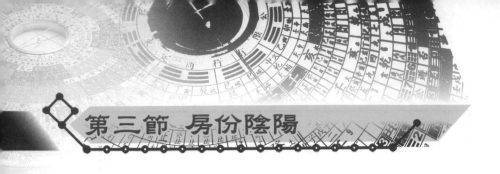

　　陰陽宅風水之房份，男女皆同位置，以高低區別男

女，高論男、低應女（如圖 9-1A、9-1B）。

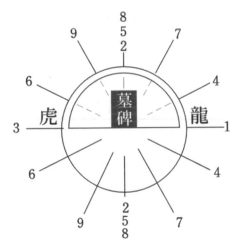

圖 9-1A　陰宅風水之房份

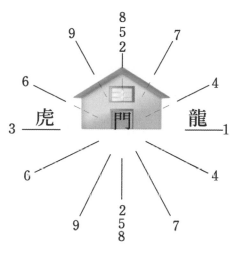

圖 9-1B 陽宅風水之房份

　　以上是由陰宅理論引用，其房份、男女、長幼之分
法是以縱為男女老少之分，橫為年份應期之分，以高低
分男女，遠近論應期。

　　一、高為「陽」為「男」為「長」，低為「陰」為「女」
　　　　為「幼」。

　　二、以上、中、下來分，上為長輩、中為平輩、下

為晚輩。

三、近高為兒子，近低為媳婦；遠高為孫子，遠低為孫女。

四、近又高論長輩、大人、男人，近又低則論晚輩、小孩、女人。

五、高過胸口主應男人，低於胸口主應女人。

六、後山及龍邊論長輩、男性，明堂及虎邊論晚輩、女人。

七、因為男女以龍虎邊區分，所以龍邊在高處有傷破時，應在長輩、男性或大房男性應之傷害；如在低處有形煞時，則應在大房的小男孩。

八、以左右鄰房而言，龍邊高、虎邊低應驗三房凶，虎高龍低應驗大房凶。

九、龍邊高男孩子有出息，虎邊高三房有出息。

十、龍邊長大房能力強，虎邊長三房或女人能力強。龍邊太長則男性晚婚主觀意識強，虎邊太強則女人變強勢，但也都會造成晚婚。

一般陰宅房份的基本排法是以墓碑方向為基準，左邊(青龍方)論一、四、七房，右邊(白虎方)論三、六、九房，正前面(朱雀方)論二、五、八房之應驗。

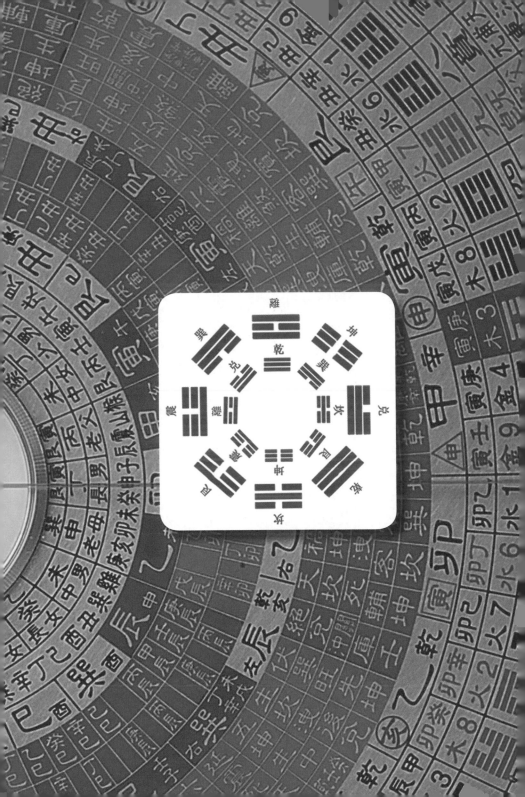

【第十章】

# 案例分析及形煞探討

本章案例乃配合形家陰陽法則論斷，論斷形家案例前必須先知道形家之龍虎形式可分龍虎邊及龍虎砂手兩種，龍虎邊係指住宅或使用太極點，往外看左邊稱龍邊，右邊稱虎邊，依地勢或建物之長短、大小、遠近、高低延伸狀況稱該宅之龍虎邊，宅外明堂左右前方山巒或建物之遠近、高低、大小、長短及延伸狀況，稱龍虎砂手。

　　以下為龍虎陰陽對立屬性與思維、人事、職業間相互關係，若能善用陰陽分龍虎，形家高手指日可待也。

### 左青龍代表：

　　為早期、前任、過去、本地、求學、天然、早運。

　　為男、父、子、長輩、雇主、貴人、上一代。

　　為推理、冷靜、思想、內在、重思考、謀定後動。

　　為正途、穩定、靜態、文職、合夥、常態、創新。

### 右白虎代表：

　　為晚期、後任、未來、外鄉、就業、人為、晚運。

為女、妻、母、女、晚輩、員工、小人、下一代。

為行動、衝動、實際、外在、喜直覺、先動再想。

為異路、浮動、武職、獨資、季節、務實。

形家陽宅風水概念為左青龍、右白虎、前朱雀、後玄武。一個風水陽宅周圍的環境如山巒、水流、高樓、馬路……等，會影響財官運及身體健康，形家風水觀念喜左青龍高，因青龍高有權力、貴氣、男人掌權；右白虎高則易犯小人、倒債、血光、親情倫常出問題；前方朱雀開闊，心情怡然舒暢；後方來脈玄武有力，後福無窮。

形家龍虎陰陽配合陽宅四局必須符合風靜水止，藏風聚氣等條件之下方成旺宅，因為風生則氣散，水起則翻騰！

## 好地理要件判斷如下：

(1) 藏風聚氣。

(2) 後背有靠。

(3) 龍虎有情。

(4) 明堂清秀。

(5) 案山朝山有情。

(6) 砂環水抱。

## 不好的陽宅地判定為：

(1) 風吹氣散。

(2) 明堂閉塞、不清。

(3) 水局無情帶煞。

(4) 龍虎反背。

(5) 宅後凹陷。

(6) 後山無力。

(7) 四水流散。

## 第一節 案例分析

### 案例一：199 吃到飽

本案例是筆者某日外出開車經過此地，在紅綠燈之十字路口下方，綠燈亮後起步踩油門眼見是個爬坡，當下直覺此處不聚財，再往右一看是一家吃到飽火鍋店。分析如下：

圖 10-1 龍無靠 龍低陷

說明：龍無靠較無實力，且不利於第一手的經營老

闆，尤其是男性老闆，並且不容易找到優秀的店長及主
管且流動率高。

圖 10-2 龍漸低陷財不聚

說明：基本上不利於經營本地客人，必須仰賴外地
的客源但也必須能持續經營超過四年方能有成。

圖 10-3 青龍地勢低

說明：龍邊地勢明顯低陷，爬坡處由此圖已經很明顯看出，水無法蓄在堂前，而是聚在低處。形家論水神，水留不住如何能經營超過四年呢？

**所以此局形家基本論斷是**

第 一：老闆不擅長經營。（龍低主管理不佳）

第二：無法找到好的管理階層來經營，或是主管流動率比基層員工高。（主管看龍邊亦是低陷）

第三：本地客源不旺及易流失或都只來一次而已。（本地看龍為主）

第四：堂前無法聚水就無法聚財。（水聚天心財旺，水流失財亦失）

第五：天門開、地戶閉才能藏風聚氣，此局形家陰陽顛倒且不藏風聚氣。

**形家陰陽訣**

當一處陽宅是需要加大油門才能上坡，此處必定不聚財。當一處陽宅必須踩煞車時也是不聚財。

以上是配合形局及地勢高低分清水神的形家陰陽法

眼訣，形家講得水為上，藏風次之，此局為不藏風亦不得水，若要改局想必需要高人施妙用移宮換形了，改變陰陽就能扭轉乾坤。

## 案例二：女人或第三手才會成功的店

　　這是一家生意不錯的店面，以此店的基本形局看，堂前開闊，所以只要地勢平坦，沒有四水流散狀況則可以論此局是會賺錢的。（此局重點在天門開、地戶閉）

圖 10-4　龍低虎高

　　說明：由此圖可以看到明堂開闊，後山藉樹為靠山，

這樣的形局我們知道主事者是一個善於交際，能懂得人脈就是錢脈的老闆。

圖 10-5 龍低 後山低 虎高

說明：門開中間但相對的龍邊缺不夠旺，這樣的形局會讓男人或第一代或第一手的經營者很辛苦，這也是形家老師都不喜歡沒龍邊或龍低陷的主要原因，因為一家店若在開店時就備嘗艱辛，起步困難就會輸在起跑點上。

龍水來

圖 10-6 龍方來水進氣

　　說明：路由龍邊進來相對也是上手砂開闊，但也是龍邊形局較弱之原因，此局還有一敗筆是廁所在龍邊，會形成龍臭濕氣重，男人身體易出在肝腎毛病。就算有賺到錢也會傷了身體。(尤其最忌長子，若長子是老闆則剋應更快)

圖 10-7 虎砂強

說明：這張圖可以看出虎砂有出來關攔，也是左水到右為明顯的天門開、地戶閉的自造形局。這讓堂前開闊的氣流會停蓄在堂前，明顯的形家水神入喉局，財源源不絕而來，所以此店在形家水神論為吉，只是人丁上未必平安。這也說明形家論賺錢但不一定平安，論平安之宅未必會是賺錢之宅。

**綜合案例二此局之論斷：**

第一：形局虎強龍弱，女人或第三手經營才會長久。

第二：堂前開闊大門開、地戶閉，虎方來收水故論女人或三房旺財。

第三：龍邊空缺，龍邊廁所對男人身體運勢不利。故而此局建議可以以女人來經營或是租店來經營，員工也以女性居多為主，方能經營長久。

第四：客戶大多是外地客。

## 案例三：環抱真的有情嗎？為何環抱還是不聚財？

　　運用形家水法當知道有向心、離心之分別，形家水法眼訣在此案例可以遠觀即知財不聚。

圖 10-8　環抱水

　　說明：水神陰陽訣，水本動但妙在靜處，開店要賺錢要水神有入喉，此店面水路雖然是環抱有情，但是水無停蓄在堂前，形成賺少花多的現象而難聚財。門亦開錯方位收不到水，所謂四兩屋千斤門此例明顯可看出。

圖 10-9 龍弱虎強

　　說明：此局除了水不入喉而且在形局上有龍漸退虎
強凸出之態勢，也會受員工刁難，而且員工主導性強對
客人態度不佳。這局除非大改局否則就算是三房或女人
當主管亦難有成長。

圖 10-10 虎凸且亂

說明：堂前為財為客源，前方雜亂主客人問題多。

## 結論

　　環抱水還是離不開水要聚、要停，如此財方為我所用，並且要考慮是離心環抱還是向心環抱之問題，這就需要形家現場勘驗了。

　　第一：此局水不入喉賺錢難。

　　第二：龍動主變動多、主管能力差。

　　第三：虎凸主女人強勢、員工對客人態度不佳。

　　第四：堂前雜亂客戶難搞。

　　以上這些都是開店的致命傷，如何能長久呢？

## 案例四：龍動龍水拖出又牽鼻水

　　這是位於某大學附近的一家店面，很明顯的是龍邊帶動，龍動主思考快速，需要經營的行業為新奇的、新穎的，才能吸引客戶，在大學及夜市附近確實需要新奇快速的行業，原本是好的，但要有收水局的條件。

圖 10-11　龍動龍低

說明：此圖明顯看出龍邊有路帶動：當龍邊有巷弄時要再細分是龍邊順水流出，還是逆水進來，一樣龍動差很多，而且形家講求龍動之下要漸高，此局是龍動下漸低不利於本地、本帶及第一手經營者。

圖 10-12　順水局堂前水未停蓄

說明：形家祕訣乃龍動之下要能賺錢的條件，在於龍動堂前有案才能聚財。這裡透露形家祕訣不是所有沒龍邊龍動的宅都不好，而此局確實形成龍動堂前水牽出。確實是形家最差的形局水法。

**形家口訣：**好的水局可以旺家聚財，不好的水局讓人破財桃花來。

所以此局店面論財損不聚財，若是住家則是男人敗財身體差，並有女人不居家多有桃花現象，而且是男女都喜歡交際應酬。

圖 10-13 龍動後山低

說明：形家祕訣是龍動龍水拖出在有後山之下敗越

多、敗更快，因為龍動主男人思考判斷易錯誤，且不聽人勸告，常會孤注一擲。

　　而此局為龍動後山低，只要不賺錢就會收手所以才形成短時間換了不少店家，若是龍動有後山之下則是會死愛面子一直撐下去到完全倒閉才收手。

　　這才是形家眼觀四局後下的結論，形家不是只有單局論，當然有些案例單局就能斷生死，但要全面詳細論斷還是要以四局之高、低、遠、近，配合水法、房份、男女、老少而分別論斷之。

## 案例五：龍水會拜堂水的火災

　　形家火災之條件：

　　一、龍水會拜堂水。

　　二、有外來氣流摩擦點出現時，如反弓路。

　　三、有高低落差之摩擦起火點。

　　四、以四局及龍虎過堂看四局形煞。

　　本案例是一家生意不錯的火鍋店，因為堂前逆水到

堂。但是形家強調水局論賺錢不一定就平安，平安宅不
一定賺錢。

圖 10-14 一樓店面燒毀

圖 10-15 堂前逆水反弓摩擦局

【第十章 案例分析及形煞探討】

說明：由此圖可明顯看到路面形成剪刀口向店面而來，三叉路口本就主火形煞。逆水為拜堂水又左邊高為龍水過堂，形成龍水會拜堂水形家摩擦火災局。

圖 10-16　空照圖

說明：空照圖看龍有動，龍水會拜堂水及堂前三角形煞，此圖可看到左水來，龍帶動，堂前逆水來帶煞氣。

圖 10-17　龍動收逆水

說明：龍帶動又逆水來，龍砂高主賺錢而有名氣，龍邊看為龍動、前面龍砂高起，但不算龍過堂，當有形局傷破下為龍動應事主快速的，龍砂高出事時很快被人發現，但因堂前有大樓高起且龍砂有空缺，所以為虎過堂加速了起火蔓延快速。

圖 10-18　完全燒毀

說明：此店面在凌晨四點多自燃起火，不到半小時全數燒光。

圖 10-19 原來店面

說明：此店面櫃台龍過堂收外局逆水生意興隆。

圖 10-20 龍動後山有靠堂前火形煞

形家在論火災的案例上有其獨到的論法：

火災可以看出火災發生時會應快速還是燜燒？

會死人傷亡還是只有財損？

白天還是晚上發生？

保險能否獲得理賠？

起火點在何處？

是自燃還是外人縱火？

傷亡是宅主還是房客？

是應男人還是女人，應在哪一房？

這是臺中太原路上的一家小火鍋店，開店一年多，於凌晨四點多發生瓦斯氣爆，幸好未造成人員傷亡。我們運用形家法門可以清楚看到此局的狀況何以如此。

**形家論火災祕訣：**

一、龍水會拜堂水。

在圖十五及圖十六可以清楚看到有反弓摩擦路形，而且也是收拜堂水到堂及左水到右的形家龍水會拜堂水火災局。因為收反弓逆水的形局

基本上此店生意一定很好。

二、該店老闆應該是女生掌店並且是租的不是房東？

因為此局若是房東就會有人員傷亡，因為沒龍邊龍動之下最怕有形煞、水煞、氣煞來侵入必定傷亡，而且傷男人及房東。

三、何以沒有人員傷亡？

龍主男、龍主宅主，此宅龍動不利於男人及宅主。此局無人員受傷必是因為是房客及有後山貴人相助。

四、為何是在開店一年多發生呢？

因為龍動之下堂前有煞在於第一年及第二年之間都有機會發生剋應。

五、何以是在凌晨四點多發生呢？

因為龍過堂主陽包陰但卻因堂前有透光而為晚上漸光亮之時間發生剋應。

以上為形家論火災的祕訣。

# 案例六：反弓摩擦點引起火災（一）

## 路面摩擦點在a

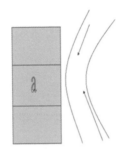

圖 10-21 宅前反弓路面

說明：宅前路面形成摩擦煞氣，反弓路面本就是煞，要會化煞為權，否則煞氣還會再循環下去有第二次的意外之災。

龍水反弓

圖 10-22 反弓路煞

說明：龍邊路直來反弓煞氣大。

圖 10-23 反弓煞氣

　　說明：此宮廟因形局有反弓煞氣沒有化解形成火災
的命運，而且是後山低陷缺貴人來助，廟公也在這次的
火災中喪生。因為反弓路有摩擦起火的凶素存在時很容
易形成火災。

圖 10-24 神明都被燒成炭

圖 10-25 龍低陷及後山低

### 綜合論斷

　　反弓之屋宅在形家論是會賺錢的陽宅，但卻也是帶煞氣，形家是如何運用收山出煞的呢？要能避煞又能收水入喉，此局就是需要運用退一步海闊天空法，讓明堂自然形成空間，這也是形家運用陰陽動靜法的水能載舟亦能覆舟的最佳體現。

　　**形家水局祕訣：**水圓、陽、動、凸需以陰靜方凹收之，如此形局的陰陽交媾法則才能讓宅內之氣生生不息。此時尚需要配合地勢高低龍虎四勢來決定開門方位收外局的陰陽交媾生氣入宅，才是真的形家運用層層引進法則，正所謂千斤屋四兩門。外形局不佳則要運用移宮換位讓

外局乾坤陰陽互換。

## 案例七： 反弓摩擦點引起火災（二）

### 路面摩擦點在a

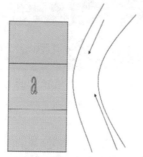

圖 10-265 也是宅前反弓路面

圖 10-27 此圖明顯有反弓路沖來

圖 10-28 反弓路、龍水兩氣流形成摩擦點

圖 10-29 反弓路在龍邊動煞氣且有後山

【第十章 案例分析及形煞探討】

圖 10-30　龍動虎強虎過堂

圖 10-31　店面燒毀

　　**結論：**晚上無人時發生火災，因為有後山所以有貴

人，當火災發生時被附近住戶發現而打 119 報警。案例

七跟案例六有相同之處都是有反弓摩擦點，只是案例六反弓在堂前且無後山靠，所以會有人丁傷亡。而例七是反弓在龍邊有後靠而這有何分別呢？當有傷破時有後山自然可以事半功倍，沒後山或後山陷時則是事倍功半。

## 案例八：臺中市長選舉之總部分析

【大紀元 2014 年 11 月 29 日訊】（大紀元記者黃玉燕臺灣臺中報導）臺中市 2014 選舉開票結果已呼應選前民調，民進黨市長候選人林佳龍得票數在 6 時過後逐漸拉開差距；見「大勢已去、拖延無益」，臺中市長胡志強在 6 點 50 分抵達競選總部自行宣布敗選，「這是他個人的失敗，臺中市已大步向前，希望新任市長好好帶領臺中」、「天佑臺中」。

大臺中各區開票結果陸續傳回胡志強競選總部，看到開出的票數，總部一片低氣壓、志工掩面哭泣，競選核心團隊蕭家淇、盧秀燕、市府一級主管到場，也難掩悲傷。

胡志強在晚間 6 時 45 分現身競選總部，他眼眶泛紅上臺感謝說，「各位永遠是我最大的支持，最大的力量，你們的支持和友情，讓我永遠溫暖，選舉是一時的，友情是永恆的，對不對？」

　　胡志強說，因為選舉結果已出來一大部分，感覺「大勢已去、拖延無益」，他應該出來宣布競選失敗，但這個失敗是他個人的失敗，是他個人不夠努力。他感謝競選團隊，「你們打了一場漂亮的選戰」，整個選舉過程，大家的表現與支持無缺點，謝謝大家！

　　面對與對手林佳龍選票差距 20 多萬票，胡志強說，選舉結果雖然都知道一定有贏或輸，自己不能說完全沒有「輸的準備」，但是一路走來，選民對他的熱情支持，讓他覺得真的勝券在望，今天的結果有意外！

　　胡志強說，現在大家只有誠心誠意接受選民的決定，他希望新任市長能夠好好帶領臺中繼續前進，祝福新的林佳龍市長，「天佑臺中」。

圖 10-32 逼虎龍動總部低

圖 10-33 虎邊大樓高壓，主競爭者比自己強

圖 10-34 後山高，生後臺強硬有力

圖 10-35 明堂大樓高壓，主前途受阻

圖 10-36 招牌看板放於虎方更加形成虎強龍弱之形勢

### 綜合四局論

虎高易形成奴欺主，此局為堂前高、後山高、白虎高、三方高一方低。虎高論奴欺主，胡志強為當時還在任的市長，所以虎高主競選對手強勢來犯，堂前高主事業前途受阻，後山高表示自己或自己的黨「老神在在」認為選上應該沒問題。

三高一低卻是低在龍邊，主易有思考判斷錯誤的現象誤判形勢了。

所以最後拱手讓出市長職位，此局只適合女生來運用或許有反敗為勝的機會。

## 案例九：農村的一家聚水小吃店

　　這是幾年前筆者去大陸四川教學形家的午餐地方，一桌人圍著鍋爐吃飯，還真像是在圍爐一樣，一飯一鍋雞肉湯。

圖 10-37 小吃店　　　　圖 10-38 現煮的土雞城

不見去水口

圖 10-39 天門宜開，地戶宜鎖。

說明：此局雖不符合形家龍虎陰陽，但因符合形家水法訣天門開、地戶鎖，故而可論賺錢。因虎強，主女人當家或三房當家，客戶主外來的客人多，本地的客人少。以價格便宜、新鮮為廣告詞招來顧客。

## 案例十：公家機關形局影響員工

　　這個案例是大陸學生提出的案例，是否因為形局反背問題，這家國營銀行主管有三任死於車禍，第三次死兩個共損失四個主管。

圖 10-40　龍邊退縮

說明：龍邊退主形局反背如同挺胸向前凸出一般，
如此形局主在此辦公人員有強出頭及態度不佳的現象。

圖 10-41　屋形後山反弓

圖 10-42　後山龍邊歪斜不正

說明：後山左青龍明顯後反，也就是龍邊歪斜不正，除了主管思考判斷問題之外還有貴人不現。

圖 10-43　後山低陷

　　說明：後山有一條至少三十米寬大河流，形局低陷傷迫，故有車禍傷亡現象。何以會傷亡如此嚴重？因為房屋後反形局不正最怕後山低陷。

## 案例十一：火形煞應男或女如何分？

圖 10-44 明堂 紅色火形屋

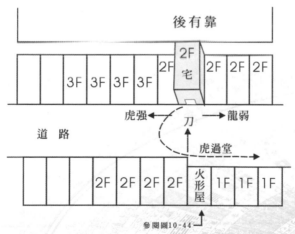

圖 10-45 龍弱虎強虎過堂火形煞帶刀

形家的病局論法有外局會造成，內局因素也是會互相呼應的，但除非是客戶找我們去看陽宅，否則只能參考外局論之。圖四十四是某家店面的明堂，及圖四十五為平面圖其店面為虎強龍弱，虎過堂刀切的形局。

**堂前圖片單一論：**火型屋易有口舌、是非、火災、心血管疾病等問題。此時只知道有問題，尚需配合龍虎看吉凶應在男女，而店面為龍弱當有傷破時形家有句口訣：「論病找弱方，意外找強處」，這個形煞為病局論時，龍邊傷剋應主男人（龍弱），這個形煞主意外時傷女人跟小孩（虎強），所以心臟病問題應在男，口舌、是非、火災問題應在女人和小孩。

在形家陽宅學很多人認為無龍邊一定傷男嗎？答案不一定！無虎邊一定傷女嗎？也不一定！是要看四局來決定的。那明堂後山呢？

會因人、事、物而定，總之，有後山佔百分之六十為吉，但有時後山有靠傷破會更大，有時沒後山反而長壽，是否又跟一般所認知的形家有落差呢？

歡迎一起來探討形家更深入的學問。

## 陽宅題目：虎強龍弱、虎過堂、有後山、堂前有火形煞。

**解答回覆：**論病局心臟問題應在男人，尤其是長男，發生在白天並且在外面，而且來得突然，嚴重死亡機會人，如此簡單幾句話卻是要有一連串的學理來支持的。以下我們依學理來解釋：

1、火形煞應在男或女？

　　這個案例堂前火形煞論病時看龍虎強弱，由弱者應之，此案龍弱虎強，所以男人應病局當確定後才能配合四局論型態狀況。

2、應男人會在哪一房？

　　此案宅主為長男龍弱又有煞，剛好剋應在長男或是長輩男生。

3、何病呢？

　　應心肌梗塞（火形煞）。

4、在住家或外面發生呢？

因為是虎過堂所以是在外面發生。

5、是白天還是晚上發生呢？

某天上午到山上修練氣功時病發，緊急送到醫院三天後往生。

明堂亮主白天發生，若是明堂暗主晚上發生。

6、此病為何應快呢？

因為是虎過堂為急為快，龍過堂為慢。

7、為何應如此之急呢？又為何是三天呢？

因為虎過堂，主「三」的數目字，為何不是三年或三個月呢？

當然也有可能，但因為虎過堂所以應快應急。

以上為此局論法，基本上此局已經說出七、八十分了，還有二、三十分要在四局的變化中綜合討論，因為形家都是現場斷吉凶的，所以未到現場還是無法在書中一一說清楚……

# 案例十二：形家陽宅運用陰陽論癌症

圖 10-45：它體很明顯濕氣重長青苔

圖 10-46：後山有低陷水溝水髒

陽宅外形有如人體，房子外形對應人的身體，以此案例引用形家可以清楚看出宅內有人會得癌症，而且是宅主男性患大腸癌機率大，幾張相片已能看出宅居住者大腸癌因形、因象而應數。

　　**形**：形家論濕、髒易犯癌症皆因中醫素問理論而來。

　　**象**：後山低陷，因後山主男丁，後山主身體，後山主宅主。

　　**尋象應數**：配合龍、虎、後山、明堂四局論應在男性，罹患大腸癌。

## 案例十三：日本北海道某飯店

　　這是筆者旅遊時投宿的一家飯店，該飯店位於登別市，是規模頗大的老字號溫泉旅館，雖不算新穎卻頗有氣派。該飯店之外局蠻符合形家格局，一時技癢順手按下快門，也算是旅遊另一收穫。

圖 10-47：龍強

圖 10-48：虎砂

圖 10-49：龍砂

圖 10-50：龍砂長，龍過堂

┋【第十章 案例分析及形煞探討】

圖 10-51：明堂及朝山（虎過堂）

## 說明：

1、 該飯店地理形勢虎高收虎水。

2、 飯店建築物本身龍強，顯示經營穩健。

3、 龍砂長又包虎砂龍過堂，虎水滿收。

4、 明堂及朝山虎過堂，可吸引外來客投宿。

## 反弓煞

**原因：**

陽宅前因道路或水路兩邊反弓出去，反弓朝向大門時較住宅周圍更嚴重。

**影響：**

1、　思緒不集中、磁場擾亂。

2、　容易破財、血光、意外。

3、　宅內容易失和、事業難以擴展。

4、　背信無情或遭小人陷害。

## 棺材煞

**原因：**

現今許多陽宅、工廠屋頂或車庫頂都蓋成半圓型狀，
形狀很像棺材蓋故稱之。

**影響：**

1、　陰煞過重。

2、　小病不斷，人丁方面也比較難長壽。

3、 事故頻繁不斷。

4、 易患憂鬱、恐慌、自殺事件。

## 墓碑煞

**原因：**

為了標新立異而建造出類似墓碑形狀的建築，不僅本身及對面住宅都會受到影響。

**影響：**

1、 常常有不祥之事發生，因為陰煞過重是故經常

患病。

2、 心情低落有憂鬱傾向。

3、 身、心、靈皆受影響。

4、 凶為有形必有靈。

## 官帽煞

**原因：**

本身住宅如官帽可享盛名，但對面或周圍住家則稱為官帽煞。

**影響：**

1、 表示官司纏身，訴訟不斷。

2、 容易犯小人。

## 屋角煞

**原因：**

住宅周圍有屋角或尖角直射過來。

**影響：**

1、 小病不斷。

2、 易犯小人甚至官司訴訟。

# 兩高夾一低（天陷屋）

**原因：**

兩邊高樓遠比自己住宅還高、愈高傷害愈大。

**影響：**

1、 精神不濟。

2、 免疫功能變差（易疲勞，肝、膽方面疾病）。

3、 運勢敗退、毫無衝勁。

4、 易犯小人。

5、 車禍、血光、意外事故。

6、 六親無緣。

## 暗堂煞

**原因：**

屋前案山擋住明堂，包括樹木、棚架等等。

**影響：**

1、 所謂伸手摸到案、家財千萬貫。

2、 既然明堂晦暗表示前途受阻。

3、 影響視力、心肺功能。

# 剪刀煞

**原因：**

兩條馬路狀似剪刀迎面而來，是謂剪刀煞（馬路夾角小於 75 度，角度愈小煞愈嚴重）。

**影響：**

1、 屬於火形屋的一種。

2、 主開刀、血光、車禍。

3、 容易罹患疾病，易有火災、意外災禍、敗財。

4、 容易犯小人、官司訴訟等等。

## 天斬煞

### 原因：

屋前有兩棟大樓矗立，中間形成一條很窄的空隙，猶如天刀直切。

### 影響：

1、 容易有重大疾病。

2、 錢財守不住。

3、 車禍血光。

# 鋸齒煞

**原因：**

多層屋角重疊。

**影響：**

1、　血光意外事件不斷。

2、　易犯小人。

## 分心屋

**原因：**

屋頂向兩邊斜下，夾角小於 90 度。

**影響：**

1、 宅內家人向心力不足，容易各奔東西、各行其事。

2、 不聚財。

3、 龍虎兩邊斜，夫妻同床異夢難和諧。

## 凹風煞

**原因：**

陽宅有如天井般，風從凹陷處吹入。

**影響：**

1、 氣場很不穩定，精神難以集中，造成腦神經衰
弱。

2、 剋應血光、意外、開刀。

## 拱形煞

**原因：**

陽宅內外門窗成栱形。

**影響：**

1、 栱形門主退運。

2、 長輩壓力負擔沉重。

3、 拱門適合用在廟宇、皇宮。

## 屋脊煞

**原因：**

被如圖所示屋角對到正面、背面、側面。

**影響：**

1、　正面沖射易犯車禍血光之災。

2、　側面及後面沖射易犯小人及傷腰身。

3、　容易有桃花、夫妻失和之現象。

## 橫阻煞

**原因：**

陽宅前面有高架橋、路橋、高樓、堤防等等。

**影響：**

阻礙前途、家運不濟、敗財。

## 鐵針煞（懸針煞）

**原因：**

陽宅周圍二十公尺內有燈柱、電線桿、大樹、柱子像針一樣佇立，有變壓器則煞氣更重。

**影響：**

1、 血光、車禍、意外。

2、 官司纏身。

3、 前途受阻、視力障礙。

# 暗口煞

**原因：**

住宅面對地下室車道或住在車道入口之上。

**影響：**

1、 表示漏財、家運漸退。

2、 不利人丁，小孩身體特別不好。

## 探頭煞

**原因：**

陽宅對面的房子其背後有建築物、水塔等等物體凸

出。

**影響：**

1、　家中易出盜賊。

2、　易犯小人。

3、　女性桃花糾紛。

## 神前廟後

**原因：**

廟宇是供奉神明的地方，會有諸多陰間靈氣在此聚
集流連，尤其是陰廟，都是陰陽交界之地。

**影響：**

1、　不只廟宇，連同神壇、教堂都算。

2、　應血光、官司、開刀、車禍、意外。

3、　家中小孩不易管教，不愛讀書，遊手好閒。

4、　怪夢連連，容易失眠，導致精神不濟。

## 路沖

**原因：**

住宅正前方或周圍有馬路直沖者。

**影響：**

1、 以直沖大門影響最大。

2、 會有血光、破財、車禍、官司不斷。

3、 犯小人、口舌是非多。

4、 財源不聚

5、 損人丁。

# 飛簾煞

**原因：**

住宅周圍受到廟宇或牌樓飛簾沖射者。

**影響：**

1、 剋應血光、開刀、車禍、意外。

2、 官司、犯小人。

3、 宅門正對廟正門，家中出癲人、怪夢連連。

4、 宅門正對廟後門，家中出好吃懶做的男人。

## 龍斷（龍邊無屋）

**原因：**

住宅無龍邊，也就是住家往外看其左邊是空地或馬
路。

**影響：**

1、 龍邊無靠表示對男人較不利，尤其是家中長
　　男。

2、 一般都是女人掌權或做主。

# 虎斷（虎邊無屋）

**原因：**

住宅無虎邊，也就是住家往外看其右邊是空地或馬
路。

**影響：**

1、 虎邊無靠表示對女人較不利。

2、 一般都為男人掌權或做主。

# 孤獨屋

**原因：**

　　住宅附近為單一住家（若是豪宅人氣要足），導致一種孤零零的感覺。

**影響：**

　　若只是當作倉庫或偶爾居住是可以，但若是長期住在此處，則會有陰氣過重，身體狀況愈來愈差，家人感情不睦等等現象發生。

## 無尾巷

**原因：**

一條巷道沒有通路，亦即氣場不通、藏垢納穢。

**影響：**

1、　運勢受阻。

2、　易犯小人、小偷。

3、　較難生男孩。

## 腫瘤屋

**原因：**

陽宅周圍加蓋原本不是附屬建築的小屋。

**影響：**

1、 會有莫名奇妙的身體病變。

2、 嚴重者會有癌症之現象發生。

3、 工作拖泥帶水。

## 電波煞

**原因：**

住宅附近有變電所、電塔、行動電話基地臺、高壓電塔等等。

**影響：**

1、 電塔屬火，以五行木、火、土、金、水各屬肝、心、脾、肺、腎。

2、 所以容易罹患心血管方面的疾病甚至癌症發生的現象。

3、 容易心煩氣躁。

4、 生活壓力大。

## 虎壓煞

**原因：**

本身住宅的房子，虎邊受到側壓即犯虎壓煞。

**影響：**

1、　由住家向外看，左青龍「稍高」、右白虎「稍
　　低」、前朱雀「明堂寬闊」、後玄武「背後有
　　靠但也不宜太逼」。

2、　如圖白虎抬頭，表示容易犯小人，而且對男主
　　人也比較不利。

3、　家庭成員壓力大，生活不和諧。

## 漏財屋

**原因：**

住宅背後愈蓋愈低。

**影響：**

1、 此宅有退財之現象，表示不聚財。

2、 易出忤逆子孫。

3、 工作不順難以發揮。

## 照壁煞

**原因：**

本身住宅出門即見高樓、高山、高聳障礙物等等。

**影響：**

1、　前途受阻，也容易形成暗堂煞。

2、　工作壓力大。

## 披檐煞

**原因：**

房子牆壁生長許多如藤蔓之類的植物。

**影響：**

1、 官司牢獄之災、是非口舌不斷。

2、 前途受阻，難以出人頭地。

3、 爛桃花不斷（勾勾纏）。

4、 配合理氣流年不好時，主患惡疾、自殺。

# 招牌煞

**原因：**

住宅被招牌直接尖射。

**影響：**

1、　對到招牌有如一把刀，對到左邊傷到男生，對
　　到右邊傷到女生。

2、　若以顏色區分，綠色招牌對到傷害肝膽、紅色
　　傷害心臟和小腸、黃色傷害脾胃、白色傷害肺
　　和大腸、黑色傷害腎臟和膀胱。

## 壁刀煞

**原因：**

面對面的房子地基沒對齊，導致整棟建築的牆面如利刀直切而來。

**影響：**

1、 主車禍、官司、開刀、血光。

2、 家庭容易失和。

3、 切到龍邊傷到男性，反之切到虎邊傷到女性。

## 低陷屋

**原因：**

房子本身地基比路面為低，或是鋪柏油路的關係致使路面比地基為高。

**影響：**

1、 前途受阻。

2、 家運漸退。

3、 易遭人刑傷或陷害。

4、 過路財神，錢財守不住。

## 藥桶煞

**原因：**

住家附近有水塔，類似注射之點滴

**影響：**

1、 常常有小病、小傷之意外發生。

2、 影響大小依水塔數量多寡而定。

## 火星拖尾煞

**原因：**

住宅後面或圍牆形成三角形、梯形則稱之。

**影響：**

1、　住宅以方正為宜，表示做事磊落、行為端正。

2、　住宅基地呈三角形或梯形易形成火形煞。

3、　火形煞是非口角多、做事馬虎、容易發怒。

4、　不聚財之現象。

## 探頭煞

**原因：**

住宅本身建築在頂樓加蓋鐵皮屋。

**影響：**

1、　正所謂：「前探出賊子，後探出母舅」。

2、　屋前探頭家中容易遭小偷破財，或犯小人遭小
　　　人暗算。

3、　屋後有探頭，家中女生容易有桃花糾紛或紅杏
　　　出牆。

## 露骨煞

**原因：**

建築物牆壁露出鋼筋。

**影響：**

1、 容易有官非訴訟。

2、 筋骨容易受創之毛病。

3、 鋼筋露出何處就傷及家中何人何部位。

# 單箱屋

**原因：**

三合院或是一般建築，因為環境變遷而造成有龍邊無虎邊，或有虎邊無龍邊的現象。

**影響：**

1、 有虎無龍為白虎探頭，女當權。

2、 有龍無虎男當權。

3、 敗財。

4、 身體易有病變。

國家圖書館出版品預行編目資料

看風水—形家陽宅長眼法／孫立昇、林定榮著.
－－第一版－－臺北市：知青頻道出版；
紅螞蟻圖書發行，2018.2
面 ； 公分－－（Easy Quick；161）
ISBN 978-986-488-193-2（平裝）

1.相宅

294.1                                    106024736

Easy Quick 161

# 看風水—形家陽宅長眼法

作　　　者／孫立昇、林定榮
發 行 人／賴秀珍
總 編 輯／何南輝
校　　　對／江凱楠、李元焜、周英嬌
美術構成／沙海潛行
封面設計／引子設計
出　　　版／知青頻道出版有限公司
發　　　行／紅螞蟻圖書有限公司
地　　　址／台北市內湖區舊宗路二段121巷19號（紅螞蟻資訊大樓）
網　　　站／www.e-redant.com
郵撥帳號／1604621-1　紅螞蟻圖書有限公司
電　　　話／(02)2795-3656（代表號）
傳　　　真／(02)2795-4100
登 記 證／局版北市業字第796號
法律顧問／許晏賓律師
印 刷 廠／卡樂彩色製版印刷有限公司
出版日期／2018年 2 月　第一版第一刷
　　　　　　 2020年 8 月　　　第三刷（500本）

定價 360 元　　港幣 120 元

ISBN　978-986-488-193-2　　　　　　　　Printed in Taiwan